Meike Höhne

Die Magie der Akasha Chronik

Meike Höhne

Die Magie der Akasha Chronik

Wie du dich kraftvoll verbindest
und deinen Seelenweg gehst

KÖNIGSFURT URANIA

Die in diesem Buch enthaltenen Informationen und Ratschläge wurden von der Autoren sorgfältig recherchiert und geprüft. Eine Garantie kann dennoch nicht übernommen werden. Die Informationen und Ratschläge sind außerdem nicht dazu gedacht, die Beratung durch einen Arzt oder Therapeuten zu ersetzen, sofern eine solche angezeigt ist. Eine Haftung der Autorin oder des Verlags ist ausgeschlossen.

Bibliographische Information der Deutschen Nationalbibliothek
Die Deutsche Nationalbibliothek verzeichnet diese Publikation in der Deutschen Nationalbibliographie; detaillierte bibliographische Daten sind im Internet über http://dnb.d-nb.de abrufbar.

Originalausgabe
2. Auflage 2025

Königsfurt-Urania Verlag GmbH, Ringstr. 32, D-24103 Kiel
www.koenigsfurt-urania.com • info@koenigsfurt-urania.com

Lektorat: Jennifer Lorenzen-Peth
Korrektur: Simone Naumann
Umschlaggestaltung: Antje Betken unter Verwendung des Bildes *Universal Library Akashic Chronicles* (Generiert mit KI) © Татьяна Оракова, Stock.Adobe.com
Bild für den Farbschnitt: Nebula © cameraman, Stock.Adobe.com
Alle anderen Grafiken in diesem Buch: © Tanya, Stock.Adobe.com
Satz und Layout: Antje Betken
Druck und Bindung: Finidr s.r.o., Tschechische Republik
Printed in EU

ISBN 978-3-86826-814-0

MIX
Papier aus verantwortungsvollen Quellen
FSC® C014138

Für Paul, meinen Geistführer, und Sophia, meine Hüterin,
die mir während des Schreibprozesses
immer wieder über die Schulter geguckt,
mir aufmunternd zugenickt
oder pikiert die Augenbraue hochgezogen haben.
Ohne euch wäre dieses Buch nicht möglich gewesen.

Inhalt

Vorwort . . . 8

Mein Weg zur Akasha Chronik . . . 13

Eine Hexe des fünften Elements . . . 23

Die Magie der Akasha Chronik . . . 33

Was ist die Akasha Chronik? . . . 33

Die Sache mit dem Verstand . . . 39

Die Sache mit den Hellsinnen . . . 47

Das Hellsehen . . . 51

Das Hellhören . . . 55

Das Hellfühlen . . . 58

Das Hellriechen . . . 61

Das Hellwissen . . . 63

Die Sache mit den Vorurteilen . . . 66

Die Akasha Chronik wurde von jemandem erfunden. . . . 66

Es gibt nur einen richtigen Weg, um sich mit der Akasha Chronik zu verbinden. . . . 69

Nur besondere Menschen können in der Akasha Chronik lesen... 71

Die Akasha Chronik ist ein gefährlicher Ort. . . . 73

Es braucht viel Übung, um eine Verbindung herstellen zu können. . . . 74

Die Akasha Chronik kommuniziert nur in einzelnen Worten. . . . 76

Hokus Pokus, Esoterikscheiß und Halsabschneiderei. . . . 77

Nur eine neue Technik, um Menschen zu manipulieren. . . . 79

Der Placebo Effekt. . . . 80

Verbinde dich mit deiner Akasha Chronik . . . 82

Die Grundprinzipien als Empfehlung . . . 84

Verbindung über ein heiliges Gebet . . . 87

Lerne deine Akasha Chronik kennen . . . 89

Wie sieht deine Akasha Chronik aus? . . . 90

Wer sind deine Hüter und Meister? . . . 91

Wer nicht fragt, will's nicht wissen . . . 92

Leichtigkeit in dieser Inkarnation erzielen . . . 95

Die Sache mit den Glaubenssätzen . . . 96

Löse Glaubenssätze aus deinem System . . . 103

Die Sache mit unserem Inneren Kind . . . 106

Innere Kind Themen bearbeiten . . . 110

Die Sache mit energetischen Verbindungen . . . 112

Energetische Verbindungen lösen . . . 115

Die eigene Bestimmung finden . . . 117

Willst du deine Zukunft eigentlich wissen? ... **122**
Wann sich ein Blick in die Zukunft lohnt ... 124
Wie man die Zukunft betrachtet ... 127
Manifestieren ... 128

Zwischenmenschliche Beziehungen ... **133**

Der freie Wille des Menschen ... **139**

Seelenfamilie vs. erdgebundene Familie ... **143**

Die Vergangenheit betrachten ... **146**

Die Sache mit früheren Leben ... **149**
Wie du mit früheren Leben arbeiten kannst ... 154
Eide, Schwüre, Verträge und Gelübde ... 156
Beende den Einfluss eines früheren Lebens ... 159

Die Sache mit unseren Ahnen ... **160**
Wie du mit Ahnenthemen arbeiten kannst ... 163

Leben auf anderen Planeten ... **165**

Das Zusammenleben mit feinstofflichen Wesen ... **169**

Die Sache mit unserem geistigen Team ... **173**
Geistführer ... 173
Schutzengel ... 176
Seelenfamilie ... 179
Läufer ... 180
Krafttiere ... 181
Hüter und Meister der Akasha Chronik ... 183

Die Sache mit Jenseitskontakten ... **184**
Einen Jenseitskontakt herstellen ... 187

Die Sache mit dem, was man eigentlich nicht wissen will ... **187**
Negative feinstoffliche Wesen ... 191
Negative Magie, Flüche und Anhaftungen ... 199

Die Sache mit der Tierkommunikation ... **201**
Mit Tieren kommunizieren ... 205

Arbeiten mit Krankheiten und Beschwerden ... **207**

Warum wir krank werden ... **213**
Wie wir mit Krankheiten und Beschwerden arbeiten können ... 217
Der Unterschied zwischen körperlichen und geistigen Krankheiten ... 220

Die Sache mit dem Heilen ... **222**

Die Magie deiner Akasha Chronik ... **224**

Ein paar abschließende magische Worte ... **232**

Literaturtipps ... **236**

Über die Autorin ... **237**

Danksagung ... **237**

Vorwort

Magie existiert. In dir, in mir und darüber hinaus. Hexen gibt es, denn jeder von uns trägt Gaben, Fähigkeiten und Kräfte in sich, die du nun kennenlernen und annehmen lernst. Es gibt so viel mehr, als unser bloßes Auge sehen kann, als unsere Hände spüren können und unser Verstand begreifen kann. Es gibt noch so viel zu erfahren und zu lernen. Deshalb freue ich mich riesig, dass dieses Buch zu dir gefunden hat!

Denn jetzt ist DEINE Zeit gekommen. Deine Zeit des Erwachens, des Aufblühens, der Transformation und der Veränderung. Deine Zeit, deine innere Hexe an die Oberfläche zu bitten, damit sie dein Leben bereichern kann. Die *Magie der Akasha Chronik* wird dich auf eine Reise mitnehmen, in der du zu dir selbst und zu deiner inneren Stärke finden wirst. Dieses Buch darf dir zur Klarheit verhelfen, dir neue Wege aufzeigen und dir gleichzeitig als Wind im Rücken eine große Unterstützung in deinem Leben sein. Die *Magie der Akasha Chronik* wird dir eine komplett neue Welt eröffnen, voller Magie und voller Wunder. Sie wird dir zeigen, welche Gaben und Fähigkeiten in dir schlummern und nur darauf warten, dass du dich wieder an sie erinnerst. Doch die *Magie der Akasha Chronik* ist so viel mehr als ein bisschen Hokus Pokus. In vielen Kreisen wird die Akasha Chronik noch als Wahrsager-Methode abgewertet. Manche Menschen konzentrieren sich allein darauf, wegweisende Botschaften aus der Chronik zu empfangen, und bei anderen (die sich vor allem verstärkt auf positive Spiritualität konzentrieren) werden die wichtigsten Themen nicht besprochen, nämlich Schattenthemen.

Als Gründerin des *Akashic Wisdom Systems®* möchte ich dir die Akasha Chronik so zeigen, wie ich sie selbst jeden Tag erleben darf. Frei, ohne jegliche Grenzen und Limitationen. Du wirst in diesem Buch erfahren, wie du deine eigene Chronik öffnen kannst und was mit dieser Arbeit alles möglich ist. Ich möchte dich durch meine persönlichen Erfahrungen aus über 10 Jahren intensiver Zusammenarbeit mit der geistigen Welt inspirieren.

Jeder einzelne Mensch kann die Akasha Chronik öffnen und in ihr lesen. Du brauchst kein Vorwissen, musst nicht super spirituell sein, und erst recht brauchst du keine Erlaubnis von irgendeinem anderen selbsternannten Akasha Chronik Meister oder einer anderen Akasha Chronik Hexe. Deine Akasha Chronik zu öffnen, ist dein Geburtsrecht! Fakt ist: Die Akasha Chronik ist das natürlichste der Welt. So natürlich wie Essen und Trinken. Und gleichzeitig ist die Akasha Chronik pure Magie, denn sie macht Unmögliches möglich. Ich möchte dir die Akasha Chronik bodenständig und ohne viel Tamtam näherbringen und dir gleichzeitig zeigen, welche Magie und Wunder du durch diese Methode vollbringen kannst.

Ich möchte dir die Akasha Chronik also auf eine sehr persönliche Art und Weise zeigen, die hauptsächlich auf Selbsterfahrung beruht. Denn ich habe keine spezielle Akasha Chronik Ausbildung besucht, die den Beginn mit dieser Arbeit für mich kennzeichnete. Ich bin in keinem Verbund, keiner spirituellen Organisation oder einem freiwilligen Zusammenschluss von Akasha Chronik Hexen/Medien/Meister/etc., da in meinen Augen noch zu viele Grenzen und Limitationen verbreitet werden. Natürlich habe ich in den letzten Jahren einige spirituelle Ausbildungen besucht, dir mir alle unfassbar viel gebracht haben in Bezug auf meinen eigenen spirituellen Prozess. Doch keine Ausbildung ging so tief wie die eigenen Erfahrungen, die ich in den letzten Jahren mit dieser Arbeit selbst gesammelt habe.

Im Endeffekt ist die Arbeit mit der Akasha Chronik nichts anderes als kraftvolle und sehr tiefgreifende Energiearbeit. Da alles auf dieser Erde, sogar die Erde selbst aus Energie besteht, können wir sehr viel bewirken, verändern und beeinflussen, wenn wir verstehen, wie Energiearbeit funktioniert. Die Akasha Chronik hat mir enorm geholfen, dieses Konstrukt aufzubrechen, um so viele neue Möglichkeiten selbst zu erfahren. Denn wenn alles Energie ist, kann alles beeinflusst werden! Somit schenkt dir die Energiearbeit im Allgemeinen eine sehr große Macht.

In diesem Zusammenhang darfst du auch verstehen, dass die Akasha Chronik lediglich ein kleiner Teil des großen Universums ist. Wir sind durch die Verbindung mit unserer Chronik ebenfalls mit der höchsten, allwissenden Macht des Universums verbunden. Gib dieser Macht genau den Namen, der sich für dich stimmig anfühlt. Für mich ist es unsere Schöpfung, vielleicht ist es für dich Gott, Allah, Buddha, Jesus, Quelle oder eben das Universum. Durch diese Anbindung greifen wir nicht nur auf die Weisheit, das Wissen und die Wahrheit der Akasha Chronik zurück, sondern profitieren auch von dem Rückhalt der höchsten Macht. Durch diese Form der Arbeit ist quasi alles möglich ... Nach meinem aktuellen Stand und aufgrund meiner tiefen Erfahrung mit dieser magischen Methode fließt in meine Arbeit so viel mehr hinein als in klassische Akasha Chronik Auffassungen. Das Akashic Wisdom System® beruht nicht allein auf den Erfahrungen, die ich mit der Akasha Chronik sammeln durfte. Das Akashic Wisdom System® basiert im Kern auf der Arbeit mit der Akasha Chronik, vereint jedoch tiefe universelle, galaktische und feinstoffliche Erfahrungen.

Freue dich also auf maximale Magie, viele neue Impulse und das Erfahren einer komplett neuen Welt, die deine aktuelle Weltanschauung möglicherweise einmal komplett um 180° verändern wird. Bevor wir nun beginnen, möchte ich dir noch mitteilen, dass du am Ende dieses Buches keine einzige Quellenangabe finden wirst. Ich müsste eigentlich das gesamte Buch unter der Quellenangabe „Meikes persönliche Akasha Chronik“ verlinken. Du kannst dir also sicher sein, dass jedes Wort, jede Seite sowie jedes einzelne Kapitel dieses Buches aus meiner eigenen Erfahrung heraus entstanden ist. Ich lege dir ein heiliges Wissen in die Hände und bitte dich, dieses in Ehren zu halten sowie dir selbst stets treu zu bleiben. Außerdem möchte ich dich darauf hinweisen, dass ich bei allen Energien, auch wenn sie hier als Personen beschrieben werden, nicht gendere. Eben aus diesem Grund, es sind Energien und diese sind grundlegend geschlechtsneutral. Unsere Geistführer, Hüter und Meister der Akasha Chronik oder auch Schutzengel, zeigen sich nicht selten in menschlicher Gestalt, weil es dadurch für uns hier als Mensch gut verständlich und greifbar ist, mit was und wem wir hier kommunizieren. Es kann also sein, dass dir deine unterstützenden Wesen, über die wir auf den folgenden Seiten noch ausführlich sprechen werden, in Erscheinung eines Mannes, einer Frau, eines nicht-binären Wesens, eines Tieres oder wie wir es in unserem Sprachgebrauch sagen würden, eines Fabelwesens begegnen. Ich habe hier auch lange mit meinem Geistführer gesprochen, der sich mir immer in Form eines Hawaii-Hemden und Flip-Flops tragenden Mannes zeigt. Doch auch er hatte schon viele andere Formen, auch wenn er sich nun in dieser seit sehr langer Zeit sehr wohlfühlt. Je tiefer du in die Arbeit mit der Akasha Chronik eintauchst, desto mehr Wesen werden dir auch begegnen, die von ihrer Form, ihrem Erscheinen oder auch ihrem Geschlecht überhaupt nicht mit der menschlichen Existenz vergleichbar sind. Mit einer Klientin arbeitete ich einmal in einem früheren Leben, das auf einem Planeten stattfand, auf dem die Lebewesen beide Geschlechter trugen und sich auch selbst befruchten konnten. Klingt verrückt? Ja, vielleicht für unseren Verstand, aber nicht für unsere Seele, die ebenfalls reine Energie ist.

In diesem Sinne, lass uns beginnen!

1

Mein Weg zur Akasha Chronik

Ich bin Meike, eine moderne Hexe der neuen Zeit. Eine Hexe der inneren Weisheit und des fünften Elements. Denn ich nutze die Energien, die Macht, die Weiten und die Tiefen des Universums, um meine Magie auszuüben. Zu einem meiner stärksten magischen Werkzeuge zählt die Akasha Chronik. Daher bezeichne ich mich auch gerne als *Akasha Chronik Hexe*.

Nach meiner Überzeugung und nach meinem Glauben sind wir alle spirituelle Wesen, du genauso wie ich. Wir werden spirituell geboren und gehen spirituell nach unserer Inkarnation in die geistige Welt über. Während unseres Daseins liegt es also an uns, wie weit und wie tief wir uns dieser Spiritualität öffnen und annehmen. Es geht nämlich nicht darum, sich irgendeiner Religion, einem neuen Dogma, irgendeinem spirituellen Meister oder irgendeiner Mentorin zu unterwerfen und alles genauso zu tun, wie es einem vorgelebt wird. Es geht darum, deine eigene Spiritualität, deine eigenen Fähigkeiten und deinen eigenen Weg zu finden. Das ist der Kern des Begriffes „Spiritualität". Ich erzähle dir das aus folgendem Grund: Bis zu dem Beginn meiner Ausbildung, die ich direkt nach meinem Abitur begonnen habe, lehnte ich alles Religiöse ab. All die Ansichten, die Lehren und der Glaube haben nicht mit mir übereingestimmt. Fun Fact: Mein mündliches Abitur in Religion habe ich mit 13 von 15 Punkten abgeschlossen, doch das meiste davon war lediglich auswendig gelernt. Auch mein Opa mütterlicherseits war sehr religiös und ging jeden Sonntag in die Kirche. Wir hatten eine sehr enge Verbindung, doch der Kern seines Glaubens konnte mich nicht anstecken.

Rückblickend betrachtet war ich aber schon immer spirituell und habe auch schon immer an Übernatürliches geglaubt. Als Kind habe ich viele Bücher über Engel, Geister und (ja – es war damals einfach trendy) auch Vampire gelesen. Da ich auch schon immer eine blühende Fantasie hatte, habe ich meine Gedanken in meinen eigenen Kurzgeschichten festgehalten, die ich früher nur mit meinem Opa teilte. Heute weiß ich, dass es nicht nur Fantasie war, sondern dass damals schon meine Hellsinne sehr ausgeprägt waren und ich sicherlich noch einige Erinnerungen an Erfahrungen auf anderen Dimensionen oder Ebenen hatte. Ich bin mir außerdem sehr sicher, dass sich uns als Kinder Elementarwesen wie Feen aus freien Stücken zeigen. In der Regel sind wir als Kinder spirituell so offen und ohne Zweifel, dass wir diese Wesen, die sich vor verschlossenen Erwachsenen verstecken, noch klarsehen können und mit ihnen zusammenleben. Ich denke also, dass auch aus diesen kindlichen Erfahrungen viele meiner Geschichten entstanden sind, die mit viel Fantasie weitergesponnen wurden.

Außerdem hat meine Mutter, seit ich denken kann, immer Auren von anderen Menschen gesehen und dieses Thema mir gegenüber als selbstverständlich kommuniziert. Das hat mir später sehr geholfen, mich schnell an meine eigene Spiritualität zu erinnern. Durch eine noch sehr aktuelle Erfahrung haben meine Mutter und ich festgestellt, dass ich auch schon früher feinstoffliche Wesen wahrgenommen habe. Erst kürzlich löste ich eine Verbindung zu einem dunklen Mann, der mich nun schon seit meiner Kindheit begleitete, um mein spirituelles Erwachen zu schwächen. Ich konnte auch eine konkrete Situation ausmachen, in der mir dieser Mann als dunkle Erscheinung zum ersten Mal begegnete. Ich saß im Wohnzimmer, spielte mit meinen Puppen und sah ihn bei uns im Garten stehen. Ich rief meiner Mutter, die in der Küche war, zu, dass jemand im Garten stehen würde. Sie kam, sah jedoch niemanden und beruhigte mich wieder. Ich sprach sie kürzlich drauf an und sie erzählte mir, dass sie zu der Zeit ganz besonders das Gefühl hatte, auf mich aufpassen zu müssen, da sie den dunklen Mann zwar nicht sehen, seine Präsenz aber spüren konnte. Auch wenn sie es zu der Zeit nicht für sich in Worte fassen oder ein bestimmtes Wesen identifizieren konnte. Ich fing zu derselben Zeit an, in Zelten zu schlafen, die meine Eltern auf mein Bett stellen mussten. Außerdem segnete ich meine Decken und Kissen, mit denen ich mir eine Burg rund um mein Bett baute, um geschützt zu sein. Intuitiv tat ich damals also schon, was ich heute bewusst tun würde.

Während meiner Schulzeit am Gymnasium waren dann aber anderen Themen wichtiger, wie Party machen, Jungs kennenlernen und sich selbst zu finden, in einer Welt von „Germanys Next Topmodel“ und „Der Bachelor“. Meine Schulzeit war für mich persönlich auch nicht die schönste Zeit. Erfahrung von Mobbing durch Mitschüler und sexueller Belästigung durch

Lehrer, Ausgrenzungen von Freundinnen, Selbstverletzung und die Suche nach Zugehörigkeit. Es war eine sehr prägende Zeit, die mich natürlich innerlich unfassbar stark machte, jedoch auch viel Schmerz verursacht hat. Nach meinem Abitur war ich sehr verloren, wusste nicht, was ich im Leben möchte, wer ich wirklich sein wollte und wo es im Leben für mich hingehen sollte. Ich hatte keine klaren Ziele und füllte diese Leere durch viele weitere wilde Partynächte.

Diese innere Unzufriedenheit wurde durch die Ausbildung, die ich nach dem Abitur begonnen hatte, nur bestärkt. Viele Male war ich an einem Punkt, alles einfach hinzuschmeißen. Ich war in einem großen Einzelhandelsunternehmen auf dem Weg zur Handelsfachwirtin. Doch es nervte mich alles einfach nur, die Arbeitszeiten, die Kund:innen, die Aufgaben und vor allem die langen Tage, an denen man entweder nur herumstand oder umhergerannt ist. Es gab auch nur selten einen Mittelweg, sondern nur das eine Extrem oder das andere. Das Schlimmste zu der Zeit aber war das Gefühl, meine Kindheit gegen das Erwachsenendasein eingetauscht zu haben. Meine Freunde studierten, waren am Wochenende am See und unter der Woche nachmittags schon im Café. Und ich? Ich musste 40 Stunden die Woche arbeiten und war Samstagabend die Letzte beim Feiern. An meinen freien Tagen wollte ich mich dann einfach nur erholen, niemanden sehen und am liebsten den ganzen Tag schlafen. Es war einfach nichts für mich, da bin ich ganz ehrlich.

Im zweiten Lehrjahr überreichte mir eine Kollegin an einem Morgen auf der Arbeit ein Buch, welches ich an zwei Tagen verschlungen habe. Und es veränderte mein Leben, denn es kam genau zum richtigen Zeitpunkt. In diesem Buch ging es darum, deine eigene Realität zu kreieren, indem du einfach deine Wünsche ans Universum schickst. Und auch wenn ich heute weiß, dass hinter dem Thema *Manifestieren* so viel mehr steckt, hat mir dieses Buch enorm geholfen, mein Leben wieder in die Hand zu nehmen und meine ständige Unzufriedenheit beleuchten zu können. Ich machte mir Gedanken, was ich wirklich im Leben möchte und wie ich mir meine Zukunft vorstellte, anstatt nur noch herumzujammern und Trübsal zu blasen. Letztendlich war ich nach diesem prägenden Ereignis noch weitere vier Jahre im selben Unternehmen, davon drei Jahre als Führungskraft mit viel Verantwortung. Während dieser Zeit merkte ich, dass ich mich stetig veränderte. Und ich ließ diesen tiefen Wunsch nach Weiterentwicklung sowie Veränderung zu, um irgendwann vielleicht das zu finden, was mich wirklich glücklich machen könnte. Kurz nachdem dieses Buch in meine Hände fiel, fand ich auch wieder einen Zugang zu meiner Intuition, und Botschaften von anderen Dimensionen erreichten mich. Zu der Zeit konnte ich das allerdings alles noch nicht richtig einordnen.

Ich fing ein Fernstudium an, welches ich neben meinem Beruf ausüben konnte, mit dem Ziel, vom Verkauf in den Personalbereich zu wechseln. Ich bewarb mich währenddessen schon bei ein paar regionalen Unternehmen, um meine Chancen am Arbeitsmarkt herauszufinden. Aus dem Nichts bekam ich ein Jobangebot für eine Stelle als Personalleiterin in einem Unternehmen, bei dem ich wenige Monate vorher abgesagt hatte, weil sie mir eine Stelle im Verkauf anboten. Doch nun wollten sie mich als Personalleiterin, genau die Stelle, auf die ich mich eigentlich beworben hatte, da die Stelle neu besetzt werden müsse und ich ihnen seit dem letzten Gespräch nicht aus dem Kopf gegangen wäre. Das war mein erster großer Manifestationserfolg!

Im Jahr 2020 wagte ich dann schließlich den Schritt in die Selbstständigkeit. Zuerst im Bereich der Hochzeits- und

Eventplanung, bevor ich im Jahr 2021 mein spirituelles Business „Miss Soulful Mate“ gründete. Mit meinem spirituellen Business teilte ich dann nicht nur ganz offiziell die Arbeit mit der Akasha Chronik mit der Öffentlichkeit, sondern öffnete mich immer mehr dafür, meine wahren Fähigkeiten und Gaben offen zu teilen. Dabei war für mich die Öffentlichkeit weniger herausfordernd, sondern viel mehr, wie meine Eltern, Familie und Freunde reagieren könnten. Anfangs teilte ich die Arbeit mit der geistigen Welt sowie der Akasha Chronik nur mit sehr wenigen Menschen, erst im Jahr 2021 bot ich *Akasha Chronik Readings* offiziell für andere (fremde) Menschen an. Ich machte sogar nochmal eine dreistündige Akasha Chronik Ausbildung, weil ich dachte, ich bräuchte unbedingt ein Zertifikat, um andere Menschen von meinem Können zu überzeugen. In dieser Ausbildung fasste ich noch einmal mehr den Entschluss, mit meiner eigenen Arbeitsweise herauszugehen, denn in diesem Workshop lernte man lediglich die Kommunikation mit der Akasha Chronik, nicht aber diese umfassende sowie facettenreiche und auch körperliche Arbeit, die dir die *Magie der Akasha Chronik* ermöglicht.

Wenige Zeit, nachdem ich begonnen hatte, auch mit fremden Menschen über die Akasha Chronik zu arbeiten, fanden Anfang des Jahres 2022 dann schon die ersten Akasha Chronik Ausbildungen statt – wohlbemerkt, nachdem mein geistiges Team mir damit Monate lang in den Ohren lag. Ich entwickelte mich rasend schnell mit jedem weiteren Meilenstein. Heute sehe ich mich als Inspiration in der spirituellen Szene und kommuniziere meine Wahrheit, meine Ansichten und meine Arbeitsweise frei und ohne Angst vor Kritik. Denn die gibt es immer und von ganz unterschiedlichen Seiten. Mittlerweile durfte ich auch schon sehr viele Frauen und ein paar Männer in die Welt der Akasha Chronik einführen und ihnen mithilfe der

Akasha Chronik eine sehr große Unterstützung bei den ganz unterschiedlichsten Themen in ihrem Leben sein. Und ich fand schließlich meine Erfüllung, durch all die Veränderungen, die ich durchlaufen habe. Mein geistiges Team, meine Akasha Chronik und meine Intuition führten mich auf meinem Weg stets in die richtige Richtung. Ich weiß heute auch, dass alle Umwege, die ich nehmen musste, goldrichtig waren. Denn die Erfahrungen oder das Wissen, was ich dadurch erworben habe, hilft mir heute sehr weiter und festigt mich, gibt mir Sicherheit und Halt als Unternehmerin eines erfolgreichen spirituellen Business. „Miss Soulful Mate®" richtet sich heute ganz allgemein an Frauen, die gewillt sind, ihre innere, wunderschöne und kraftvolle Hexe zu erwecken. Die Akasha Chronik spielt dabei eine wichtige sowie zentrale Rolle. Denn in meinen Augen ist sie eine ganz wundervolle Möglichkeit, die eigene Magie kennenzulernen und zu vertiefen. Aufgrund der Ausbildungen, die ich heute geben darf, und aufgrund des Wissens sowie der Erfahrungen, auf denen sie beruhen, gründete ich im Jahr 2023 das *Akashic Wisdom System®*. Denn innerhalb der Akasha Chronik sind auch alle Wege und Anwendungen möglich, die man auf anderen universellen Ebenen ausüben kann. Die Akasha Chronik bietet dafür allerdings einen sicheren und geschützten Ort, in Anbindung zur höchsten universellen Macht.

Die Akasha Chronik hat mich in sehr vielen Prozessen meines Lebens begleitet, gestärkt und mir zur Klarheit verholfen. Ohne meine Akasha Chronik wäre ich nicht da, wo ich heute bin. Doch ebenso wichtig waren mein Mut, all die Entscheidungen, die ich getroffen habe, und die Stärke, immer wieder aufzustehen und weiterzumachen. Die Akasha Chronik ist kein Medium, an das man seine Verantwortung abgeben kann. Für mich ist sie vielmehr mein persönlicher Ratgeber, meine persönliche

Assistenz oder mein ganz persönliches Nachschlagewerk für mein Leben. Ich werde hier zu jeder Zeit liebevoll empfangen, gehalten und bekomme genau das zu hören, was ich brauche, um wachsen zu können, stärker und großartiger zu werden. Das sind nicht immer nur liebevolle und warme Worte, oftmals sind es Ratschläge, die mich zum Nachdenken bringen, und auch klare Worte, die vielleicht mal kurz wehtun. Doch am meisten liebe ich an dieser Arbeit die Freiheit! Ich habe das Gefühl, dass grundsätzlich alles möglich ist, wenn man seinen eigenen Horizont für all die Möglichkeiten unseres Universums öffnet. Denn die einzigen Limitationen existieren in unserem Kopf. Unser Verstand gaukelt uns so viele Dinge vor, die nicht gehen, nicht funktionieren und keinen Sinn ergeben. Doch wenn wir lernen, unsere inneren Sinne genauso wie unsere äußeren Sinne zu vereinen und zu nutzen, dann eröffnet sich uns eine ganz neue Welt, und plötzlich passieren Wunder in unserem Leben. Träume gehen in Erfüllung, wir können unheimlich kraftvoll unterstützen, wenn es um das Heilen von körperlichen Beschwerden sowie Krankheiten geht und plötzlich können wir wahrhaftig mit unseren Tieren sprechen.

Die Akasha Chronik hat so einiges in mein Leben gebracht, in meinem Leben verändert und bewirkt, was ich dir gerne erzählen möchte:

- **Ein neues Gefühl der Freiheit**, weil ich mich keinen gesellschaftlichen Normen mehr beuge, dem 9–5 Alltag entflohen bin und mich durch die Akasha Chronik selbst verwirklichen konnte,
- **Glück und Zufriedenheit**, weil ich immer wieder neue Schattenthemen auflösen kann, anstatt mich von ihnen innerlich einsperren zu lassen,

- **Ein neues Verständnis**, wie unsere Welt und das Universum funktionieren,
- **Tiefe Weisheit**, durch die Verbindung zu meiner Seele und all die Erfahrungen durch meine spirituellen Praktiken,
- **Den Mut zur immerwährenden Veränderung**, denn Stillstand entspricht nicht unserem wahren Kern,
- **Neues Wissen**, durch all die Zeit sowie Erfahrungen, die ich durch die Begegnung mit anderen Menschen, aber auch auf geistigen Dimensionen sammeln durfte (und immer noch sammle),
- **Ein Gefühl, stets gehalten zu werden**, stets unterstützt zu werden, stets geschützt zu sein und niemals wirklich alleine zu sein,
- **Den Mut, Dinge oder Menschen loszulassen**, die mir nicht mehr guttun,
- **Ein tiefes Vertrauen**, dass ich alles schaffen kann, was mir begegnet,
- **Jeden Tag schärfere Sinne**, die mir ermöglichen, die Schleier zwischen den Dimensionen zu erkennen sowie meine weltlichen Sinne mit den geistigen Sinnen zu kombinieren,
- **Wahre Wunder erleben**, die den Geist öffnen und den Verstand weiten,
- **Tiefe innere Ruhe erfahren**, weil so viele Möglichkeiten in meinen Händen liegen,
- **Erfahren, dass echte Magie existiert** und was echte Magie bedeutet,
- **Eine neue Verbindung zu meinem Körper und meiner Seele spüren.**

All das ist auch für dich möglich! Öffne dich für diese Magie und all die Wunder, die ab sofort auf dich warten. Wenn du während des Lesens dieses Buches auf Widerstände stößt, dann bitte ich dich inständig, in dich hineinzuspüren, woher dein Widerstand kommt. Vielleicht ist es ein Glaubenssatz, vielleicht ein Erlebnis aus einer früheren Inkarnation, vielleicht ein Thema deiner Ahnen. Widerstände sind immer eine Chance, zu wachsen, und eine neue Leichtigkeit in deinem Leben zu gewinnen. Vielleicht möchtest du dir auch ein kleines Journal bereitlegen, in der du all deine Erfahrungen, Fortschritte und auch deine persönlichen Gedanken notierst. Dieses Buch hier soll dir aufgrund meiner langjährigen Erfahrung mit der Akasha Chronik, mit dem Erwecken meiner Magie und durch all die Readings/Healings, die ich mit anderen Menschen gehalten habe, einen tiefen Einblick in diese Arbeit geben. Probiere dich gern aus, verbinde dich selbst mit deiner Akasha Chronik sowie deiner Magie und beginne, dich an die Weisheit deiner Seele zu erinnern.

2

Eine Hexe des fünften Elements

Da ich mit diesem Buch das Ziel verfolge, Grenzen rund um die geistige Welt aufzubrechen, die mediale sowie spirituelle Arbeit zu erleichtern und einfach mal Klartext mit dir zu sprechen, möchte ich zuerst mit einem ganz wichtigen Begriff starten – nämlich dem Begriff der ***Hexe***. Wir alle sind Hexen, ob wir uns nun als solche bezeichnen oder nicht. Hexen sind intuitive Wesen, die etwas von Magie, den Elementen, der geistigen Welt und dem Zusammenspiel all dessen verstehen. Doch an aller erster Stelle sind Hexen starke, machtvolle Frauen, die sich nicht den Regeln der Gesellschaft beugen, die gegen den Strom schwimmen, die ihre Stimme erheben und die sich nicht für ihre Wahrheit verstecken. Und erst dann kommen die magischen, spirituellen Aspekte dazu, die das Handwerk einer Hexe ausmachen. Eine Hexe kann also nicht nur aufgrund ihrer magischen Arbeit identifiziert werden, sondern vor allem durch ihre Ausstrahlung. Und wenn wir jetzt mal ganz ehrlich über die Hexenverfolgung sprechen, dann war es auch nicht an erster Stelle die Magie, sondern eben die starke, einschüchternde, machtvolle Ausstrahlung, die den Männern, äh sorry, Menschen Angst machte. Es wurde einfach nicht gern gesehen, dass eine Frau ihre Stimme erhob oder dass sie sich nicht den Regeln einer männerdominierten Gesellschaft unterwarf. Es wurde nicht gern gesehen, dass Frauen eigenständige Entscheidungen trafen und dadurch vielleicht sogar Erfolg erzielten. Der ganze Quatsch, dass Hexen früher satanistische Rituale durchführten und sich mit böser, dunkler Magie den Scheiterhaufen selbst zuzuschreiben hatten, waren doch alles nur Ausreden, um diese ganzen Foltern und Verbrennungen rechtfertigen zu können. Im Jahr 1486 erschien das Werk *Hexenhammer*, welches nicht nur die Vergehen der Hexen dokumentierte, sondern versuchte, die Hexenverfolgung für rechtmäßig zu erklären, und es enthielt Strafen für verschiedene Taten der damaligen Hexen. Dreimal darfst du raten, welches Geschlecht dieses Werk geschrieben hat, veröffentlichte und bei welchen hohen Tieren der „Hexenhammer“ als Regelwerk diente. Doch auch wenn das Werk von dem Theologen Heinrich Kramer keine echte, rechtliche Grundlage darstellte, weiß man bis heute, dass der Hexenhammer das zentrale Element der damaligen Hexenverfolgung in Deutschland darstellte. Du kannst Ableger des *Hexenhammers*, der auch *Malleus Maleficarum* genannt wird, käuflich erwerben und dir selbst vom Inhalt ein Bild machen.

Halten wir also fest, dass Hexen nicht wegen ihrer Hexerei verfolgt und verbrannt wurden, sondern vielmehr aufgrund ihres Geschlechts und ihrer Macht. Sicherlich gab es auch früher schon Frauen (ebenso wie heute), die sich der dunklen Magie sowie satanischen Ritualen bedienten. Ob aber genau diese überhaupt erwischt wurden und am Scheiterhaufen landeten, werden wir wohl nur über die Arbeit mit der Akasha Chronik herausfinden, wenn wir danach forschen. Doch Hexen sind in der Regel gute, lichtvolle Wesen, die anderen Menschen durch ihre Gaben und Fähigkeiten helfen wollen, sich selbst zu heilen. Viele Hexen haben den Wunsch, die Welt zu verändern, und auch das funktioniert nur, wenn sie beginnen, gegen den Strom zu schwimmen und in einer sich stetig verändernden Welt ihre Stimme erheben. Zum Glück ist das heute zumindest in unserem Kulturkreis lange nicht mehr so gefährlich wie früher, auch wenn es noch nicht von allen Seiten gern gesehen wird.

Fakt ist, dass es moralisch verantwortungsbewusst handelnde und weniger moralisch reflektiert handelnde Menschen gibt. Das bezieht sich auf jedes Geschlecht und auch auf jeden Menschen, egal an welcher Stelle dieser sich in seinem spirituellen Prozess befindet. Die männliche Form der Hexe ist übrigens Hexer und auch von ihnen zeigen sich in der heutigen Gesellschaft immer mehr mit ihrer innersten Wahrheit. Denn Magie, Spiritualität und die mediale Arbeit sind nicht nur von Frauen auszuüben, sondern auch durchaus von Männern. Die spirituellen und magischen Aspekte werden jedoch vor allem von den weiblichen Anteilen in uns aktiviert. Und auch hier spielt es keine Rolle, ob du dich geschlechtlich als Mann oder Frau oder divers definierst, denn jeder Mensch trägt beide Anteile in sich. Vielmehr stellt sich die Frage, zu welchem Anteil der Mensch aktuell mehr Bezug hat und wie er ein gesundes, harmonisches Gleichgewicht zwischen seinen weiblichen und männlichen Anteilen herstellen kannn. Egal ob Hexe oder Hexer – heute landet niemand mehr wegen seiner Macht und seiner Magie am Scheiterhaufen. Doch es liegt noch einiges vor uns, die Gesellschaft mit allen ihren Vorurteilen, Regeln und Ansichten zu einer Offenheit der Magie gegenüber zu bewegen.

Seit dem Jahr 2022 bezeichne ich mich selbst nicht nur als *Akasha Chronik Medium*, sondern vielmehr als ***Hexe des fünften Elements*** oder auch als ***Hexe der inneren Weisheit***. Die Akasha Chronik ist ein Teil meines Werkzeugkoffers als Hexe. In diesem Werkzeugkoffer findest du aber auch andere magische Elemente wie Reiki, Zaubersprüche, Zaubertränke, Kristallmagie, rituelle Magie oder sehr weltliche Methoden wie das ganzheitliche Coaching. In meiner Hexenpraxis arbeite ich allerdings vorwiegend mit dem fünften Element, dem **Geist**, dem **Äther**, denn genau hierüber stellen wir die Verbindung zur geistigen Welt und damit auch zur Akasha Chronik her. Das fünfte Element vereint außerdem alle weiteren vier Elemente, wobei ich persönlich noch einen ganz engen Bezug zur *Wasser- und Feuermagie* habe. Doch auch die Luft und die Erde spielen in manchen meiner energetischen Sessions oder Räume eine wichtige Rolle. Dadurch, dass ich mit dem fünften Element arbeite, beherrsche und vereine ich auch alle Elemente „darunter". Damit meine ich allerdings nicht, dass die vier Elemente wie auf einer Treppe unter dem Element Geist stehen oder möglicherweise sogar weniger wert sind als das fünfte Element. Vielmehr bildet das fünfte Element ein Haus, ein Zuhause für seine Kinder – Wasser, Feuer, Luft und Erde. Es vereint sie und macht sie dadurch noch machtvoller. Denn über die Verbindung zur geistigen Welt können wir die Elemente ganz anders steuern und beeinflussen.

Du darfst es dir wie folgt vorstellen: Zwischen der Erde und Schöpfung existieren unheimlich viele Zwischenebenen sowie Dimensionen, auf denen unterschiedliche Regeln gelten. Eine Regel auf der Erde ist zum Beispiel, dass du Geld brauchst, um dir Nahrungsmittel, Kleidung, Technik oder andere wichtige Dinge für deinen Alltag kaufen zu können. Geld ist unser Tauschmittel und nur in den wenigsten Kulturen oder Ländern funktioniert der Tausch von Waren und Dienstleistungen ohne Geld. Auch wenn du einen anderen Menschen, Coach, Mentor:in oder eine Hexe um Unterstützung bittest, zahlst du in der Regel einen Energieausgleich in Form von Geld. Bittest du nun aber andere Ebenen um Unterstützung, z.B. die Ebene der Geister und Ahnen, dann tauschst du deine Energie gegen Informationen und musst anschließend vielleicht erst mal eine Runde schlafen. Bittest du die Ebene der Feen, Kobolde und Elementarwesen um Hilfe, dann kann es sein, dass dir plötzlich Schmuck aus dem Bad fehlt und wenn du nicht rechtzeitig hinschaust, deine Schlüssel spurlos verschwinden. Das klingt für dich im ersten Moment vielleicht unfair, jedoch nur, weil du die Regeln der anderen Ebenen nicht kennst und daher auch noch nicht respektieren kannst.

Nutzt du hingegen das fünfte Element, verbindest dich über deinen Geist mit der Schöpfung sowie der Akasha Chronik, dann werden die meisten Regeln darunter außer Kraft gesetzt. Sprichst du über die Akasha Chronik mit Geistwesen oder Elementarwesen, dann büßt du nichts von deiner Energie ein und brauchst auch keine Angst haben, dass dir wertvolle Gegenstände entwendet werden. Für deine Nahrungsmittel im Supermarkt musst du allerdings weiterhin Geld parat haben. Aus diesem Grund darfst du dir die vier Elemente im Zuhause des fünften wie eine liebevolle Einheit vorstellen.

Feuer ist kraftvoll, wild und zerstörerisch. Unkontrolliertes Feuer lässt nicht selten verbranntes Land zurück. Verbindest du dich aber über deinen Geist mit der Feuermagie, kannst du dieses Element für dich kraftvoll nutzen, um Altlasten, schwere Verbindungen oder andere Dinge, die du loslassen möchtest, dem Feuer zu übergeben und verbrennen zu lassen – physisch und energetisch.

Wasser ist fließend und beruhigend, jedoch kannst du Wasser nicht einsperren – es wird sich immer einen Weg nach außen suchen, manchmal mit Gewalt. Verbindest du dich aber über deinen Geist mit der Wassermagie, kannst du dein Trinkwasser mit gewissen Eigenschaften und Emotionen programmieren, damit es dich im Alltag unterstützen kann.

Luft ist unheimlich wichtig, denn wir brauchen Luft zum Atmen und zum Überleben. Stark verdichtete Luft ist jedoch nicht weniger zerstörerisch als Feuer, Tornados können ganze Städte niederreißen. Verbindest du dich aber über deinen Geist mit der Luftmagie, dann kann dir die Luft manchmal genau das vor deine Füße tragen, was du dringend im Leben ersehnst.

Ohne Mutter **Erde** würde es die Menschheit nicht geben, es würde keine Tiere, keine Pflanzen und damit keine Nahrungsmittel, keine Fotosynthese, kein Leben, das sich immer wieder selbst erschafft, geben. Doch wenn Mutter Erde sauer ist, dann verschlingt sie uns – mit Haut und Haaren. Verbindest du dich aber über deinen Geist mit der Erdmagie, dann zapfst du energetisch eine der größten Kraftquellen an, die dich durchs Leben tragen wird.

Du musst dich also nicht nur auf eines der Elemente beschränken, du kannst sie alle nutzen sowie beherrschen. Du brauchst dich nicht den Regeln anderer Dimensionen unterwerfen, denn durch die Verbindung mit der Akasha Chronik gelten nur noch die universellen und teilweise irdischen Gesetze. Es darf natürlich immer ein Element für dich geben, welches dir ganz besonders am Herzen liegt und mit dem du ganz besonders gerne arbeitest. Wie ich dir schon erzählt habe, ist es bei mir das Feuer und das Wasser. Doch auch du bist eine Hexe des fünften Elements oder kannst eine sein, wenn du dich für deine Magie und deine Fähigkeiten öffnest, und besitzt dann auch eine ganz andere Macht über alle Elemente. Aber erinnere dich: Wir sind alle Hexen, weil wir alle starke, intuitive Frauen sind!

Ich bezeichne mich zudem als ***Hexe der inneren Weisheit***. Denn über die Verbindung zur Akasha Chronik habe ich Zugang zum Weltengedächtnis auf universeller Ebene und ich habe einen klaren Zugang zu meiner eigenen Seele, die all meine persönlichen Erfahrungen gespeichert hat. Im universellen Weltengedächtnis ist wirklich alles gespeichert, was man über das Universum wissen möchte. Alle Zusammenhänge, alle Entstehungen, alle Planeten und alle verschiedenen galaktischen Lebensformen. Die Weisheit meiner inneren Hexe kommt also zum einen aus mir selbst und zum anderen aus einem unbegrenzten universellen Wissensspeicher. Meine Seele wirkt von innen, meine Akasha Chronik von außen. Beides zusammen – BOOM! Weisheit und Magie pur! Doch nochmal: eine Hexe macht nicht allein ihre Magie aus, der Zugang zur geistigen Welt oder die Macht, die sie über die Elemente besitzt. Eine Hexe steht vor allem für ihre innere Stärke.

Von Hexe zu Hexe(r) möchte ich dich also dazu aufrufen: Du bist nicht hier, um ein langweiliges und stilles 0-8-15 Leben zu führen. Du bist hier auf der Erde, um dein Erbe hier als Hexe anzutreten! Du bist nicht hier, um dich klein zu halten und alles genau so zu tun, wie es alle anderen tun. Du darfst alles einfach anders machen, als es alle anderen Menschen bisher getan haben. Du sollst deine Wahrheit vertreten und für sie einstehen. Du sollst ein Leben führen, das dich glücklich macht und das dich zutiefst erfüllt. Doch als Hexe wirst du auch immer wieder dazu aufgefordert, deine innersten Schatten, den Schmerz der

Vergangenheit und alte Muster zu bearbeiten und aufzulösen. Dein Weg als Hexe wird sicherlich nicht immer der leichteste sein. Denn du wirst auf Kritik, Ablehnung und verschiedene Arten von Hürden stoßen. Doch dein Weg und alle Entscheidungen, die auf dich zukommen werden, werden es wert sein! Denn dadurch wirst du einen Fußabdruck hinterlassen, du wirst die alten Strukturen der Gesellschaft aufbrechen und du wirst ein Vorbild für alle anderen sein, die nur einen Stupser voll Mut brauchen, sich ebenfalls für ihr Erbe hier unten zu öffnen. Allein die Entscheidung, dich mit deiner Stärke, deiner Macht und deiner Wahrheit sichtbar zu zeigen, ist pure Magie! Lädst du dann noch all deine magischen Gaben und Fähigkeiten deiner inneren Hexe des fünften Elements und der inneren Weisheit ein – was denkst du, wird dann wohl noch alles für dich möglich sein?

Auch meine Akasha Chronik möchte dir noch ein paar Worte zum Thema HEXE ans Herz legen:

„EINE HEXE ZU SEIN, BEDEUTET nicht unbedingt, dass du dich mit diesem Bekenntnis sofort anders verhalten musst. Es bedeutet auch nicht, dass du dich grundlegend veränderst, anders sprichst oder dich anders kleidest. Dir einzugestehen, dass du ein magisches, lichtvolles Wesen bist, wird sich anfühlen, als würdest du in eine heilige Quelle unbekleidet hineinsteigen. Denn du zeigst dich so wie du bist, nackt und vollkommen ehrlich. Doch die Quelle wird dich aktivieren, von innen und von außen. Denn dich in deiner vollen Wahrheit zu zeigen und nichts mehr von dir zu verstecken, wird auch eine große Transformation in dir anstoßen, die sich unaufhaltsam in deinem Leben und in allen Bereichen ausbreiten wird. Veränderst du dich dadurch, kleidest du dich irgendwann anders und sprichst du irgendwann nicht mehr mit einer leisen zarten Stimme, sondern vielmehr mit der Stimme einer machtvollen Hexe, dann wirst du diese Änderungen willkommen heißen. Doch bevor sich dein Außen verändert, darfst du dich innerlich diesem Prozess widmen. Wisse, dass sehr viele Seelen auf die Erde geschickt wurden, um in der aktuellen Zeit nicht nur Chaos zu stiften, sondern um wirklich etwas verändern zu können. Hexen, Lichtarbeiter:innen, gefallene Meister und Engel hätten allesamt hier oben ebenso wichtige Aufgaben übernehmen können. Doch ihr wolltet auf die Erde, ihr wolltet mitmischen und ihr wolltet etwas verändern. Lass also deine Seele sprechen, lass sie dich führen, damit du deine Aufgaben erkennst und sie hier unten erfüllen kannst. Als dieses lichtvolle Wesen, als das du hier bist, trägst du viele Erinnerungen aus vergangenen Zeiten in dir, die dich möglicherweise versuchen davon abzuhalten, dich gegen die aktuell bestehenden Strukturen aufzulehnen. Denn nicht immer sind die Erfahrungen deiner Seele auf beste und höchste Weise geendet. Oftmals hat deine Seele tiefen Schmerz erfahren, Ausbeutung, Ablehnung und auch einen qualvollen Tod. Doch all diese Erfahrungen haben dich und deine Seele auch unfassbar stark gemacht, mit dieser inneren Stärke kannst du nun all deinen inneren Schmerz überwinden und dich deinen großen, bewegenden und weltverändernden Aufgaben hier unten widmen. Vielleicht fragst du dich, warum es das Universum und deine geistigen Beschützer:innen zulassen, dass ein Mensch, ein Wesen, eine Seele überhaupt Schmerz erleiden muss. Doch auch auf anderen Ebenen existiert nicht nur Licht und Liebe, und es wäre verantwortungslos, dir das vorzugaukeln. Überall existiert Schatten und Licht, auch in dir und als Teil deiner Seele. Verschließe dich nicht davor, sondern nimm dich diesen verschiedenen Anteilen in dir an und zehre von dieser Macht in dir, auf beste, höchste und schönste Weise. Denn mit all dem, was in dir ruht, hast du als einzelner Mensch die Möglichkeit, einen großen Beitrag zu leisten, diese Welt zu verändern, die Frequenz der Erde anzuheben, bestehende Strukturen zu durchbrechen und die Augen für die wahre Realität zu öffnen. Die Realität, in der das Universum wahr und echt ist. Eine Realität, in der jede Seele ihre Daseinsberechtigung hat. Eine Realität, in der Magie, Hexen, Elementarwesen und feinstoffliche Wesen erkannt und akzeptiert werden. Eine Realität des Zusammenhalts und nicht des Kampfes. Nimm dich diesem Erbe und all deinen Aufgaben hier an, denn du hast die Chance, Großes zu bewirken."

3

Die Magie der Akasha Chronik

Was ist die Akasha Chronik?

Die Akasha Chronik trägt ganz unterschiedliche Namen. Vielleicht bist du schon mal über die Begriffe ***Weltengedächtnis, Seelenbibliothek*** oder ***Halle der Aufzeichnungen*** gestolpert. Im Englischen wird die Akasha Chronik als ***Akashic Records*** übersetzt. Ich bezeichne sie gerne als ***dein eigenes, ganz persönliches und meistens sehr gemütliches geistiges Wohnzimmer***.

Jede Verbindung mit der Akasha Chronik fühlt sich für mich wie nach Hause kommen an. Ich fühle mich stets geborgen, sicher und willkommen. Sowohl in meiner eigenen Chronik, aber auch in Chroniken von anderen Menschen.

Die Akasha Chronik ist keine Methode, die irgendjemand irgendwann irgendwo erfunden hat. Die Akasha Chronik ist eine spirituelle Tatsache und sie existiert seit Anbeginn der Zeit, seit Beginn des Universums und ist daher älter als unsere Mutter Erde. Du kannst dir also gut vorstellen, welch tiefe Weisheit hier gespeichert ist, auf die du zugreifen kannst. Die Akasha Chronik gehört keiner Religion an, du findest sie sogar in vielen religiösen Überlieferungen wie der Bibel, der Tora oder auch in buddhistischen Schriften. Falls du dich nun auf Recherche begibst, achte darauf, dass die Akasha Chronik in unterschiedlichen Überlieferungen auch unterschiedliche Namen trägt. Die Arbeit mit der Akasha Chronik bekam ihren Aufwind Ende des 18./Anfang des 19. Jahrhunderts, als es mit der Esoterik sowie der Licht-und-Liebe-Bewegung losging. Doch ich bin mir sicher, dass auch schon unsere Vorfahren, vor allem unsere Ahninnen, von dieser Magie Gebrauch machten. Doch wir wissen ja alle, wie das endete, wenn man dies zu früheren Zeiten offen kommunizierte oder gar öffentlich mit dieser Magie arbeitete – Scheiterhaufen.

Schließ einmal kurz die Augen und stelle dir vor deinem inneren Auge die Akasha Chronik als ein gemütliches und warmes Wohnzimmer vor. In diesem Wohnzimmer befinden sich Millionen von Türen, und eine Tür davon ist deine eigene, ganz persönliche Akasha Chronik. Mit dem großen Wohnzimmer meine ich an dieser Stelle übrigens das Universum, Schöpfung, Gott, universelle Quelle oder welchen Begriff du hier für die höchste und universelle Macht auch immer auswählen möchtest. Natürlich kannst du diese Energie auch als große „allgemeine" Akasha Chronik bezeichnen, jedoch diese von der universellen Macht nochmal abgrenzen. Denn wie du mittlerweile schon erfahren hast, ist die Akasha Chronik eher **ein sicherer Ort im Universum**, den du dir wie ein **großes Archiv an Informationen** vorstellen kannst. Doch in diesem Archiv kannst du auch aktiv mit Energien arbeiten, die sich dann nicht nur auf dein Leben, deinen Alltag sowie deine persönliche Weiterentwicklung auswirken, sondern auch auf deinen Körper bis hin zu jeder einzelnen Zelle.

Die universelle Quelle kannst du hingegen eher als **Schaltzentrale des Universums** betrachten. Und da die Akasha Chronik ein großer und wichtiger Teil dieser Schaltzentrale ist, sind eben auch große Veränderungen durch diese Arbeit möglich! Doch jeder Mensch und auch verschiedene Lebewesen (z.B. Tiere) haben ihre ganz eigene Chronik! Und in deiner persönlichen Akasha Chronik begegnen dir dann auch nur Wesen, die für deine Seele sowie deine Inkarnation hier als Unterstützung dienen. Unsere persönliche Akasha Chronik ist ein sicherer Ort, hier können wir wahrhaftig vertrauen, dass alle Botschaften zu unserem besten und höchsten Wohle dienen!

Über unterschiedliche Wege kannst du dir den Zugang über das große Wohnzimmer (universelle Quelle) zu deinem eigenen Wohnzimmer (deine persönliche Akasha Chronik) erbitten. Hier gibt es nicht nur einen einzigen Weg, genauso wenig wie es nur eine Form der Akasha Chronik gibt! Deine Chronik kann sich auf ganz unterschiedliche Weise zeigen. Als Bibliothek, als Wald, als Berge, als Unterwasserwelt oder auch Orte, die völlig bunt und ausgefallen sind. Zu Beginn hat sich meine Akasha Chronik wie ein großes Planetarium gezeigt. Weil dieses Bild nicht ganz mit mir resonierte, bat ich meine Chronik um eine kleine Umstrukturierung und arbeitete lange in einer sehr gemütlichen Bibliothek. Mittlerweile ist meine Akasha Chronik mitten auf einer Waldlichtung. Es brennt immer ein Lagerfeuer, auf dem manchmal Stockbrot, Marshmallows oder heiße Schokolade gekocht wird. Zwischen den Bäumen hängen kleine Lichterketten und

Lampions, doch das Beste sind die Hollywood-Schaukeln! Hier mache ich es mir mit meiner Hüterin gemütlich und gemeinsam bearbeiten wir in dieser Atmosphäre meine Themen.

Mit der Zeit und ein bisschen Übung kannst du dir ebenso gemeinsam mit den Meistern und Hütern deiner Akasha Chronik sogar deinen eigenen individuellen Weg oder deine ganz persönliche Akasha Chronik kreieren. In diesem Buch möchte ich dir gern den Weg über ein heiliges Gebet vorstellen, der dir vor allem bei den ersten Anläufen eine große Sicherheit schenken darf. In meinen Ausbildungen lehre und zeige ich auch andere Wege auf, wir beginnen aber alle mit dem Zugang über ein heiliges Gebet. Denn gerade in den Anfängen spielen die Zweifel unseres Verstandes eine große Rolle und verhindern oft den Fluss der Botschaften deiner Hüter. Das Gebet ist wie eine kleine geführte Meditation, die den Verstand beschäftigt und deinen Geist fließen lassen kann. Mit der Zeit wird sich natürlich auch dein Verstand an die Arbeit mit der Akasha Chronik gewöhnen und du kannst andere Zugänge ausprobieren, vor allem aber den Weg erschaffen, der sich für dich am stimmigsten anfühlt.

Jetzt fragst du dich sicherlich wer denn diese Meister und Hüter sind!

In deiner Akasha Chronik arbeiten Geistwesen, mit denen du sprechen, dich verbinden und um Rat fragen kannst. Die Hüter der Akasha Chronik sind meistens die, die dir deine Tür öffnen und deine Anliegen sozusagen entgegennehmen. Sie stehen dir mit Rat und Tat zur Seite, führen dich in Situationen der Vergangenheit, helfen dir, mögliche Blockaden aufzulösen und schenken dir einen Werkzeugkoffer, mit dem du die aktuelle Inkarnation auf beste und höchste Weise meistern kannst. Die Meister sind nach meiner Auffassung die, die im Hintergrund dafür sorgen, dass deine Aufzeichnungen korrekt und fortlaufend sind. Wenn einer meiner Meister in einem Gespräch mit meiner Akasha Chronik auftaucht, ist das häufig auch ein Zeichen, dass nun ein wichtiges Thema geöffnet wird, eine große Veränderung ansteht oder zusätzliche Unterstützung bei der Auflösung einer gravierenden Blockade benötigt wird. Oft begegnen dir auch andere Mitglieder deines geistigen Teams, ebenso wie deine Ahnen. Keine Sorgen, darüber werden wir noch ausführlich sprechen! Denn die Akasha Chronik schenkt dir auch eine Möglichkeit, alle Wesen deines geistigen Teams endlich mal kennenzulernen.

Die Akasha Chronik ist also eine fortlaufende Aufzeichnung von allem, was jemals war, geschehen ist und teilweise auch sein wird. Die Akasha Chronik hat alles gespeichert, was sich in unserem Universum jemals ereignet hat, welche Zusammenhänge es gibt, sie schließt alle Planeten mit ein und kennt natürlich ebenfalls alles, was mit unserer wunderschönen Erde zusammenhängt. Sie ist wie das größte Lexikon, dass du jemals gesehen hast, und wird deshalb oft als Seelenbibliothek bezeichnet. Doch ganz besonders an der Akasha Chronik ist der Fakt, dass jedes Lebewesen seine ganz eigene Akasha Chronik besitzt. Du findest in deiner Chronik unheimlich viele Bücher über frühere Inkarnationen, Themen deiner Ahnen oder auch die aktuelle Inkarnation mit all ihren Aufgaben, Herausforderungen und auch Chancen. In deinen Aufzeichnungen findet sich auch das, was du dir für diese Inkarnation als Weg ausgesucht hast. Wir sprechen hier quasi von deinem Seelenplan. Du kannst also deine Akasha Chronik alles fragen, was du möchtest und was dir hilft, dich in dieser Inkarnation sowie innerhalb deines Seelenplans auf beste und höchste Weise zu entfalten, altes Karma aufzulösen und kraftvoll voranzuschreiten. Dabei kann es sein, dass du deine Chronik als Bibliothek wahrnimmst und dir deine Antworten anhand eines Buches präsentiert werden. Vielmehr wirst du bei der Verbindung mit der Akasha Chronik aber eine andere Welt erfahren, in der du anhand von Bildern, Sequenzen, Worten und Emotionen durch deine Anliegen hindurchgeführt wirst. Wie du die Akasha Chronik und ihre Botschaften erfahren wirst, hängt ganz davon ab, wie stark deine Hellsinne ausgeprägt sind und welche deiner fünf Hellsinne bei dir aktiv ist. Mein Herzenstipp für dich ist: Habe so wenige Erwartungen wie möglich und du wirst wahre Wunder erleben. Denn je freier du bist, desto leichter können die Botschaften zu dir fließen.

Ich möchte an dieser Stelle eine äußert wichtige Sache erwähnen: Die Akasha Chronik ist kein Medium, an das man seine Verantwortung abgeben kann. Du bist ein eigenständiger Mensch, besitzt eine weise Seele, einen schlauen Verstand und einen Körper, der sich sehr gut bewegen kann. Du musst also selbst einen Fuß vor den anderen setzen und für deine Träume losgehen. Du musst deinen Verstand einschalten, um eigenständige Entscheidungen zu treffen. Du kannst nicht erwarten, dass deine Akasha Chronik ab sofort alles für dich erledigen wird. Das würde weder dir noch deiner Seele, noch deiner persönlichen Entwicklung wirklich weiterhelfen. Stell dir deine Akasha Chronik vielmehr als deinen persönlichen Ratgeber vor, der dir hilfreiche Tipps, einen persönlichen Werkzeugkoffer oder auch wichtige Botschaften übermittelt, damit du nicht von deinem Weg abkommst. Darüber hinaus hilft dir deine Akasha Chronik dabei, alte, vergangene Erinnerungen oder Erlebnisse loszulassen, sodass du im Hier und Jetzt eine neue Leichtigkeit verspüren darfst. Denn darum geht es an allererster Stelle: um die Gegenwart. Und um die Gegenwart zu verändern, darfst du dir die Vergangenheit, aktuelle Blockaden und Glaubenssätze, Themen deiner Ahnen sowie energetische Anhaftungen und Verbindung mithilfe der Hüter und Meister deiner Akasha Chronik auflösen. Und das Tollste daran ist, dass du dadurch auch ganz automatisch deine Zukunft veränderst, natürlich nur auf beste Weise. Denn wenn du dich entscheidest, ab sofort nicht mehr unter deinen selbst auferlegten Bürden zu leben, wird deine Zukunft mit jedem weiteren Schritt lichtvoller und großartiger!

In der Arbeit mit der Akasha Chronik ist grundsätzlich übrigens alles möglich, und das sage ich aus voller Überzeugung! Zumindest solange du mit lichtvollen Absichten arbeitest und den freien Willen eines jeden Lebewesens nicht missachtest. Es ist ein weites Feld, das von dir entdeckt werden möchte. Ich möchte dich von Herzen einladen, von Beginn an deinen eigenen Weg mit dieser wundervollen und magischen Arbeit zu finden. Lass dich von meinen Ansätzen und meinen Erfahrungen gerne inspirieren, probiere dich aus und übe, übe, übe! Doch finde dann deinen ganz eigenen Weg!

Die Sache mit dem Verstand

Im Laufe der Zeit habe ich sehr viele Erfahrungen mit dieser wundervollen Arbeit sammeln dürfen. Mit jeder einzelnen Akasha Chronik Sitzung lerne ich dazu. Mir begegnen auch heute noch Dinge, die ich vorher noch nie gesehen oder erlebt habe. Durch diese Arbeit werde ich immer wieder herausgefordert, meinen Geist zu öffnen, damit ich mich auf neue Erfahrungen, Vorgehensweisen oder Anwendungen einlassen kann. Daher möchte ich auch dich gerne inspirieren, offen zu bleiben, den Botschaften deiner Akasha Chronik zu vertrauen und nie müde zu werden, neue Dinge dazuzulernen. Diese Situationen sind vor allem für deinen Verstand sehr herausfordernd. Denn dein Verstand liebt Routinen und findet es außerordentlich nervig, sich auf neue Gegebenheiten einlassen zu müssen. Wenn du in deiner spirituellen Entwicklung gerade am Anfang deiner Reise stehst, wird sich dein Verstand auch erstmal ganz allgemein mit der Akasha Chronik anfreunden müssen. Denn du kannst diese Arbeit weder logisch noch wissenschaftlich erklären. Unser Universum und alles, was mit feinstofflicher Energiearbeit zu tun hat, ist noch nicht mal im Ansatz erforscht worden. Es geht hierbei also vor allem um tiefes Vertrauen in das, was du wahrnehmen und an Botschaften erhalten wirst. Es kann also durchaus vorkommen, dass dein Verstand gerade am Anfang immer wieder dazwischenfunken wird, um dir zu suggerieren, dass du lieber hier auf der Erde bleibst, anstatt in anderen Dimensionen herumzusurfen. Er wird vielleicht mit Zweifeln um die Ecke kommen, er wird möglicherweise versuchen, dich lächerlich zu machen, und vielleicht kramt dein Verstand auch tief verborgene Ängste hervor, damit du dich von dieser Magie wieder etwas entfernst.

Denn dein Verstand ist tief verknüpft mit deinem Unterbewusstsein, und das möchte dich immer beschützen. Wie sinnvoll das in so manchen Situationen wirklich ist, sei mal dahingestellt. Glaubenssätze, Muster oder schwere Emotionen sind in deinem Unterbewusstsein abgespeichert, die die Grundlage deiner aktuellen Handlungen, Aktionen sowie Denkmuster bilden. Stell dir mal einen Eisberg vor, von dem allein eine kleine Spitze über dem Wasser herausragt. Diese Spitze macht vom gesamten Eisberg nur 5 % aus, die unteren 95 % sind tief im

Ozean verborgen. Dein Verstand sowie dein waches Bewusstsein haben lediglich 5 % Kontrolle über dein tägliches Handeln und Denken, 95 % davon steuert dein Unterbewusstsein. Es ist quasi die Schaltzentrale deines gesamten Wesens. Dein Unterbewusstsein sorgt dafür, dass deine Lunge weiß, wie sie atmet, dass dein Herz Blut durch deinen Körper pumpen muss, dass in deinem Magen durch deine Magensäure Nahrung zersetzt wird und sorgt auch ganz automatisch dafür, dass diese wieder ausgeschieden wird. Dein Unterbewusstsein ist wie eine riesengroße Festplatte, mit unheimlich wichtigen und wertvollen Programmen. Ohne diese lebenswichtigen Programme könntest du teilweise gar nicht überleben. Außerdem wärst du im Alltag auch komplett überfordert, wenn du bewusst jeden einzelnen Atemzug und jedes einzelne Blinzeln deiner Augen steuern müsstest. Allein damit wärst du von früh bis spät beschäftigt und wann würdest du dich dann den schönen Dingen im Leben widmen können? Gar nicht. Dein Unterbewusstsein ist also eine äußerst wichtige Schaltzentrale in deinem System! Doch wie jede Festplatte speichert auch dein Unterbewusstsein ganz schön viel Schrott. Und wenn dieser Schrott deinen Verstand steuert, dann handelst, denkst, fühlst oder sprichst du entgegen deiner eigentlichen Ansichten. Die gute Nachricht ist: Mithilfe der Akasha Chronik kannst du deine Festplatte ausmisten und Schrott löschen, damit du immer mehr deine wahre Natur entfalten kannst.

Erinnere dich immer wieder: Dein Geist und deine Seele sind stärker als dein Verstand sowie dein Unterbewusstsein! Und bitte versteh mich an dieser Stelle nicht falsch, dein Verstand ist unheimlich wichtig, denn ohne ihn wäre logisches Denken unmöglich. Wir brauchen Logik und einen gesunden Menschenverstand, damit wir auch miteinander funktionieren können, wobei in unserer Gesellschaft viele Dinge auch trotz eines logischen Verstandes nicht funktionieren.

In meinen Augen geht es vielmehr darum, deinen Verstand mit deinem Unterbewusstsein und mit deiner Seele in Einklang zu bringen. Du darfst nun beginnen, ihm beizubringen, dass du sowohl hier auf der Erde und gleichzeitig auf anderen Dimensionen sein kannst, ohne dass dir etwas passiert. Du kannst deinen Verstand auch mit einem Haustier vergleichen, welches man erzieht und dem man gewisse Kommandos beibringen kann. Es braucht vielleicht etwas Zeit, Geduld und Aufwand, doch am Ende lernt das Tier, was du ihm beibringen möchtest. Vielmehr noch, es speichert sich im Unterbewusstsein ab und wird zu einer gewissen Routine. So wie du ein Tier nur bedingt schimpfst, sondern eher für gute Handlungen lobst, kannst du auch deinem Verstand begegnen. Nur so kann er sich an die Selbstverständlichkeit deines spirituellen Daseins gewöhnen. Wobei ... Schimpfen darfst du mit deinem Verstand wie du möchtest! Er kann das ab. Gib deinem Verstand auch immer wieder Leckerchen in Form von Pausen oder bestätigenden spirituellen Erlebnissen, die sich dein Verstand niemals ausdenken könnte, damit du selbst auch total sicher mit der Akasha Chronik wirst und lernst, wahrhaftig zu vertrauen. Solche Bestätigungen bekommst du durch eigene Erfahrung und ganz viel Übung. Sobald du beginnst, in anderen Chroniken zu arbeiten und dir dein Gegenüber die Bestätigung für deine Wahrnehmung geben kann, wird dich dein Verstand von ganz allein in Ruhe lassen. Und ich verspreche dir: Du wirst die verrücktesten Dinge erleben!

Eine weitere Unterstützung können dir zu Beginn dieser magischen Arbeit auch **externe Helferlein** sein. So kannst du zum Beispiel zusätzlich mit **Orakel- oder Tarotkarten** arbeiten oder ein **Pendel** in die Kommunikation mit der Akasha Chronik mitnehmen. Auf diese Weise bekommt dein Verstand ebenfalls gewisse Bestätigungen, wird sich mit der Zeit immer mehr entspannen und dir den nötigen Raum geben, in die Verbindung mit deiner Chronik hineinzuwachsen. Sagt dir deine Akasha Chronik beispielsweise, dass du dich mehr erden solltest, um deine beruflichen Themen klarer zu erkennen, und du ziehst anschließend eine Orakelkarte, die dieselbe Botschaft für dich bereithält, wirst du vermutlich direkt raus in die Natur gehen. Ein Pendel kann dir auf vielfältige Weise Bestätigungen schenken. Es gibt verschiedene Pendeltafeln, die du verwenden kannst, oder du arbeitest schlicht mit Ja/Nein- Fragen und überprüfst somit einfach, ob manche Zweifel deinerseits gerechtfertigt sind. Diese paar Tipps sollen dir wirklich nur dann helfen, wenn du zu Beginn einen sehr lauten (und nervigen) Verstand hast.

Also nochmal konkret: Je öfter du mit der Akasha Chronik arbeitest und je öfter dein Verstand merkt, dass all das wahr ist und der Realität entspricht, desto stärker wird er Ruhe geben und sich daran gewöhnen.

Für den Anfang möchte ich dir nun noch eine kleine Übung verraten, wie du deinen Verstand vor der Verbindung zur Akasha Chronik „ausschaltest". Stell dir vor, dass sich in der Mitte deines Kopfes ein imaginärer Schalter befindet. Dieser Schalter hat zwei Seiten, eine Seite ist grün und eine Seite ist rot. Die grüne Seite steht für volle Lautstärke und die rote Seite für stumm. Stell diesen Schalter auf stumm, bevor du dich verbindest. Keine Sorge, er wird sich von selbst irgendwann wieder auf laut stellen. Eine kleine lästige Angewohnheit deines täglichen Begleiters. Wenn dir das während der Kommunikation mit deiner Akasha Chronik passiert, dann kehre kurz zu deinem Schalter zurück und lege ihn einfach wieder um. Auch das wird mit der Zeit immer weniger werden.

Ich möchte dir gern noch eine Geschichte passend zum Thema positive Bestätigung für deinen Verstand erzählen. Ich durfte einer wundervollen Frau bei einem wichtigen Thema weiterhelfen. Seit sie denken konnte oder sich für Männer interessierte, hat sie sich nie wirklich fallen lassen können. Eine lockere Bekanntschaft jagte die nächste, denn immer, wenn es ernst wurde, zog sie die Reißleine. Doch sie wollte sich endlich auf etwas Festes einlassen können, ankommen und Zukunftspläne schmieden. Also kam sie zu mir, erzählte mir ihre Geschichte, ich öffnete ihre Akasha Chronik und fragte nach dem Grund hinter ihrer Bindungsangst. Ich wurde in eine Situation in ihrer Kindheit zurückgeführt. Ich sah meine Klientin als kleines Mädchen, sie trug ein hübsches blaues Kleidchen, sie hatte einen Teddy im Arm und saß auf dem Boden. Das kleine Mädchen schaute aufmerksam zu ihrem Vater hoch, der in einem grünen, karierten Sessel saß. Er hatte ein Buch aufgeklappt, das umgedreht auf seinem Oberschenkel lag und er erzählte dem früheren Ich meiner Klientin eine Geschichte. Ich spürte, dass in dieser Geschichte eine kleine Warnung in Bezug auf Männer mitschwang. Ich spürte eine tiefe Liebe zwischen Vater und Tochter, eine starke vertraute Verbindung und ich spürte, dass der Vater meiner Klientin sie nur schützen wollte. Also erzählte ich ihr, was ich sehen und wahrnehmen konnte und fragte sie, ob sie sich an eine solche Situation erinnern konnte. In ihrem Gesicht war keine Regung zu erkennen und ich zweifelte direkt an dem, was ich gesehen sowie gespürt hatte. Doch dann fing meine Klienten plötzlich an zu weinen und sie erzählte mir, dass dieses Geschichtenerzählen ein kleines Ritual von ihr und ihrem Vater früher gewesen war. Sie erzählte mir von der engen Bindung, die die beiden noch zum gegenwärtigen Moment hatten, denn ihre Mutter war schon sehr früh verstorben, sodass die beiden auf sich allein gestellt waren. Sie erzählte mir, dass ihr Vater ihr noch heute gern Geschichten erzählte, auch wenn sie schon längst aus dem Alter heraus sei. Sie erinnerte sich daran, dass nur wenige Geschichten dieses typische Happy End hatten und eigentlich immer die Frau die Heldin war. Und dann sagte sie Folgendes: „Der grüne Sessel steht immer noch bei meinem Vater zuhause und ohne meinen Teddy kann ich noch heute nicht richtig einschlafen."

Ich war baff, dass ich diese konkreten Details aus ihrer Vergangenheit bekommen hatte, die wirklich eins zu eins zutrafen. Wir arbeiteten also mit der Situation aus der Vergangenheit, änderten die Emotionen und die Glaubenssätze und zeigten ihr, dass sie sich als starke Frau bei einem Mann fallen lassen kann.

Wie hätte sich mein Verstand all das ausdenken können? Ich traf meine Klientin zu dem Reading das erste Mal, uns trennen nach wie vor über 500 Kilometer und ich war nie bei ihr oder ihrem Vater zuhause.

Genau solche Erfahrungen und vor allem Bestätigungen braucht unser Verstand, um sich an diese wunderschöne Arbeit zu gewöhnen und uns einfach mal machen zu lassen. Wir lernen zu vertrauen und die Botschaften, die wir aus der Akasha Chronik erhalten, nicht anzuzweifeln oder zu interpretieren. Wir lernen mit der Zeit also, ein richtig gutes Akasha Chronik Medium und eine fantastische Akasha Chronik Hexe zu werden. Habe Vertrauen, denn du kannst das genauso! Auch du wurdest mit dieser natürlichen Gabe geboren.

Was dir meine Akasha Chronik noch zum Thema **VERSTAND** mitteilen möchte:

„**ÜBE DICH IN GELASSENHEIT**, doch vor allem Respekt. Dein Verstand bewältigt tagtäglich unfassbar viele und wichtige Aufgaben. Er versucht, dein Leben zu regeln, zu organisieren und in feste Strukturen zu bringen, damit du so entspannt wie möglich durchs Leben schreiten kannst. Durch die Fähigkeiten deiner Seele wird dein Verstand anfangs sehr überfordert sein, gerade dann, wenn er eine sehr lange Zeit die Führung übernommen hatte. Du stellst ihn auf die Probe, forderst ihn auf, seine Stellung in deinem Leben aufzugeben, und nimmst ihm wichtige Aufgaben weg. Es kann sich anfühlen wie eine Degradierung, gegen die dein Verstand natürlich rebellieren wird. Er muss langsam lernen, dass es ungefährlich ist, seine Verantwortung in vielen Situationen deines Lebens nun abzugeben. Er muss lernen, dass das Konstrukt, das er über Jahre hinweg aufgebaut hat, nun in sich zusammenfällt. Er muss lernen, dass Realität ein dehnbarer Begriff ist. Er muss die geistige Arbeit so lernen, wie du als Kind damals sprechen gelernt hast. Gib deinem Verstand also die Zeit, die er benötigt, um sich an diese neue Realität zu gewöhnen. Verurteile weder dich noch deinen Verstand, wenn es eher langsam als schnell vorangeht. Dein Verstand wird es lernen, darauf darfst du vertrauen. Doch in welchem Tempo und wie viel Mühe es bedarf, hängt von dem Leben ab, dass du die letzten

Jahre geführt hast. Es hängt von den Mustern, deinen eigenen Ansichten und den Strukturen ab, die in deinem Leben präsent sind. Denn all das darf und muss aufgebrochen werden, damit sich dein Verstand in Ruhe zurücklehnen und lernen kann."

Die Sache mit den Hellsinnen

Unsere Hellsinne spielen in der Arbeit mit der Akasha Chronik eine sehr große Rolle. Denn wir kommunizieren mit anderen feinstofflichen Ebenen nicht mit unserem physischen Selbst, also unserem Körper, unseren Augen oder unserer Sprache. Wir kommunizieren über unseren Geist, über unsere Seele, unsere Gedanken, unsere Energie – zusammengefasst über unsere Hellsinne. Auch wenn du dich grundsätzlich schon mit den Hellsinnen befasst hast, möchte ich mich in diesem Kapitel speziell auf die Kommunikation mit der Akasha Chronik konzentrieren. Ich bin mir sicher, dass du noch den ein oder anderen neuen Impuls für dich mitnehmen kannst.

Deine Hellsinne sind die Sinne, die deine Umgebung auf einer anderen Ebene wahrnehmen, als es dein Körper oder dein Verstand tut. Wenn du die Hand vor dein Gesicht hältst, dann siehst du fünf Finger und vielleicht ein paar Narben, bunte Nägel oder andere einzigartige Merkmale. Wenn dann dein Atem deine Haut streift, spürst du diesen Windhauch durch Kälte oder leichtes Kitzeln. Vielleicht hast du vor wenigen Minuten deine Zimmerpflanze umgetopft, sodass deine Hand noch leicht nach

Erde riecht. Außerdem weißt du einfach, dass du da deine Hand vor dem Gesicht hast, weil es daran überhaupt keinen Zweifel gibt. All das hat nichts mit deinen Hellsinnen zu tun, sondern mit physischen Wahrnehmungen deines Verstandes, deiner Nase sowie deinen Augen.

Gibt es denn nun etwas, dass du in dieser Situation über deine Hellsinne wahrnehmen könntest? Auf jeden Fall! Beispielsweise deine Aura. Mit etwas Übung und Training für dein Hellsehen kannst du die Aura als weißen oder farbigen Schimmer um deine Hand erkennen. Dein Hellriechen gibt dir vielleicht Auskunft darüber, dass sich ein feinstoffliches Wesen in deiner Umgebung befindet, während du wie ein:e Irre:r deine Hand anstarrst, weil du einen Duft riechst, der unmöglich aus deiner physischen Umgebung stammen kann. Vielleicht hast du auch urplötzlich den Gedanken im Kopf, dass du dir beim Zubereiten des Abendessens mit dem Messer in den Finger schneiden wirst, weil dein Hellwissen während dieser Übung aktiviert wird. Verstehst du den Unterschied? Deine physischen Sinne scannen deine physische Umgebung. Deine Hellsinne öffnen dir den Raum für viele weitere Wahrnehmungen. Sie durchbrechen den Schleier zwischen den Dimensionen und scannen auch alles Feinstoffliche.

Deine Hellsinne sind immer aktiv, auch ohne die Akasha Chronik, und können trainiert werden. Dafür darfst du wissen, dass deine Hellsinne in enger Verbindung zu deiner Aura sowie deinen Haupt- aber auch Nebenchakren stehen. Vor allem deine sieben Hauptchakren verbinden deinen Körper, deine Organe sowie all deine Zellen mit deiner Aura und somit auch mit deinem Energiekörper. Ohne diese energetische Hülle (deine Aura) UM deinen Körper und diese kleinen Energiewirbel (deine Chakren) AUF deinem Körper, wäre dein Körper einfach nur ein lebender und funktionierender Körper. Dein Energiekörper lässt dich wirklich fühlen, deine Umwelt wahr- sowie aufnehmen und macht es dir möglich, die Dinge um dich herum integrieren zu können. Dabei sind sowohl deine Aura als auch deine Chakren nicht nur für spirituelle Themen zuständig, sie verbinden vor allem das Spirituelle mit dem Weltlichen und ermöglichen dir somit ein ganzheitliches Verständnis über diese Welt. Die Arbeit mit der Aura und unseren Chakren ist sehr facettenreich und würde den Rahmen innerhalb der Thematik, die ich eigentlich hier mit dir behandeln möchte, sprengen. Es gibt aber einige Literatur, die diese Themen behandelt, wenn du dich hiermit näher beschäftigen möchtest.

Es gibt **fünf Hellsinne**, die dir in der spirituellen Arbeit immer wieder begegnen werden, und genau diese werde ich auch mit dir anhand der Akasha Chronik durchgehen. In der Regel gibt es ein bis zwei Sinne, die bei dir zu Beginn sehr ausgeprägt sind. Fokussiere dich am Anfang auf diese und nimm dir den Druck, dass du alle fünf Sinne aktivieren musst. Durch die Arbeit mit der Akasha Chronik wirst du sehr wahrscheinlich mit allen Sinnen in Berührung kommen, das hängt jedoch von deinem Engagement ab, wie viel du übst und wie tief du in diese Magie hineinfinden möchtest. Doch auch dann wird es meistens so sein, dass die Sinne, die am Anfang aktiv waren, noch stärker ausgebildet werden, und die anderen Sinne als Unterstützung hinzukommen. Vertraue darauf, dass es genau die Hellsinne sind, die für dich richtig und stimmig sind. Versuche dich wenig im Außen zu orientieren oder so sein zu wollen, wie ein anderes Akasha Chronik Medium. Du kannst mit jedem einzelnen Sinn tiefgreifend und nachhaltig arbeiten.

Auch hierzu möchte ich dir eine kleine Geschichte erzählen. In meinen Akasha Chronik Ausbildungen begegnen mir sehr viele Menschen, die auf ihre ganz eigene und individuelle Weise ihre ersten Erfahrungen mit der Akasha Chronik machen. Manche sehen am Anfang die buntesten Bilder, manche hören klare Worte, manche fühlen alles in ihrem Körper und manche wissen die Antworten einfach, ohne ein einziges Wort zu hören oder irgendeine Farbe zu erkennen. Bei manchen Schüler:innen ist der Beginn mit dieser Arbeit etwas holprig, weil der Verstand noch sehr aktiv ist oder ein paar Blockaden aus vergangenen Zeiten den Verbindungsaufbau stören. Häufig ist es so, dass viele zu Beginn erwarten, mit ihrem Hellsehen arbeiten zu können und dann sehr enttäuscht sind, wenn das nicht der Fall ist. Du solltest dich nicht vergleichen, denn damit werden die inneren Blockaden nur verstärkt und du stehst dir selbst im Weg. Eine Schülerin zum Beispiel hat die Erfahrung gemacht, dass ihr Hellfühlen sehr ausgeprägt ist und die anderen Sinne sich gar nicht zeigen wollten. Sie hatte viele Zweifel und wusste nicht so recht, wie sie mit diesem Sinn in der Akasha Chronik arbeiten soll. Wir sprachen viel und ich ermutigte sie, ihr Hellfühlen für sie als Kanal bestmöglich zu nutzen, und ich sagte ihr, es sei etwas sehr Besonderes, innerhalb der Akasha Chronik so viel zu fühlen. Zwischen dem 1. und dem 2. Chapter innerhalb meiner Akasha Chronik Ausbildung lagen einige Monate, bis wir uns wieder trafen. Ich fragte sie, ob sich nun die anderen Sinne aktiviert hätten und wie sie mit der Akasha Chronik aktuell arbeitete. Sie erzählte mir von vergangenen Readings mit anderen Menschen, wie sie fühlte, was der Ursprung der Frage sei, wie sie körperliche Beschwerden wahrnahm und wie sie lernte, sich mit ihrem Hellfühlen richtig wohlzufühlen und anderen Menschen dadurch zu helfen. Sie erzählte außerdem, dass sich ihr Hellhören aktiviert hätte. Auch wenn es ihr noch schwerfallen würde, das Hellhören von ihren eigenen Gedanken zu unterscheiden, so würde sie dadurch doch manchmal das fehlende Puzzleteil erhalten, um den Kern einer Situation erfassen zu können. Es gibt keinen perfekten Hellsinn, um in die Arbeit mit der Akasha Chronik einzutauchen. Es ist immer das, was du selbst aus deinen Fähigkeiten machst!

Über die Arbeit mit der geistigen Welt werden sich deine Hellsinne auch ganz automatisch öffnen, entfalten und vertiefen. Du kannst mit jedem Hellsinn aber auch bewusst ins Training gehen, um diesen zu fördern. Hierzu empfehle ich dir vor allem geführte Meditationen und Traumreisen, die deine Hellsinne ganz unterbewusst ansprechen. Doch lass uns jetzt mal konkret in die Anwendung und Aktivierung deiner Hellsinne durch die Verbindung mit der Akasha Chronik eintauchen, bevor wir mit der Verbindung und Arbeit mit deiner eigenen Chronik loslegen!

Das Hellsehen

Unter ***Hellsehen*** versteht man das Sehen über die weltlichen Grenzen hinaus. Du betrachtest deine Umwelt mit deinem ***dritten Auge***, das zentriert auf deiner Stirn sitzt und auch mit dem Chakra auf dieser Position verbunden ist. Du kannst dir zur Aktivierung dieses Sinnes auch wirklich vorstellen, wie du dieses geistige Auge auf der Stirn öffnest.

In der Verbindung mit der Akasha Chronik werden dir oft Botschaften anhand von Bildern geschickt. Häufig wirst du aber auch in frühere Erlebnisse zurückgeführt, die in deiner aktuellen Inkarnation in der Vergangenheit geschehen sind. Manchmal darfst du dir auch Erfahrungen aus anderen Leben anschauen oder auch Erlebnisse aus deiner Ahnenlinie, die dir gezeigt werden, damit du sie nun von diesem Thema befreien kannst. Es gilt also zu unterscheiden, ob du Botschaften anhand eines Bildes bekommst oder ob du in Situationen zurückgeführt wirst, die sich wie eine Filmsequenz zeigen und auf deiner inneren Leinwand abgespielt werden. Wenn du also beispielsweise die Frage stellst (keine Sorge, wie du das tust, lernst du noch), warum du zum gegenwärtigen Moment Angst empfindest, deinen Job zu kündigen, weil du dich gerne selbstständig machen möchtest, und du aus deiner Akasha Chronik ein Bild in Form eines Vogels bekommst, dann kann dieses Bild für die Angst vor der Freiheit stehen. Stellst du dieselbe Frage und wirst in ein Ereignis aus der Kindheit zurückgeführt, in der du ein Gespräch zwischen deinen Eltern mitgehört hast und sie über deine sichere Zukunft sprachen, in der ein fester Job eine essenzielle Rolle spielt, bekommst du das Ursprungsereignis gezeigt, in dem deine Angst entstanden ist.

Bitte stelle dir das Hellsehen nicht so vor, als würdest du einen Fernseher in deinem Kopf anknipsen. Diese Bilder und Sequenzen entstehen in deinen Gedanken. Je stärker du deinem Hellsehen vertraust, je mehr du dich auf die Botschaften aus der Akasha Chronik konzentrierst und je ruhiger deine Gedanken sowie die alltäglichen Geschehnisse um dich herum sind, desto klarer werden die Bilder in deinem Kopf sein. Auch hier kann sich am Anfang noch sehr stark dein Verstand einschalten, denn diese Bilder könntest du dir ja auch einfach ausdenken. Doch du darfst verstehen, dass sobald du mit deiner Akasha Chronik verbunden bist, deine Gedanken als Kanal des Überbringens dienen.

Das Hellsehen ermöglicht dir während du dich mit der Akasha Chronik verbindest, deine eigene Chronik auch als visuellen Ort oder die eines anderen Menschen über Bilder wahrzunehmen. Sie kann sich häufig als Bibliothek zeigen, in der die Bücher deiner Seele stehen. Oft zeigt sie sich aber auch so, wie es gerade zu deinen aktuellen Lebensumständen, Ansichten oder

Mustern passt, oder sie zeigt sich analog zum Thema, dass in der anstehenden Akasha Chronik Sitzung behandelt wird. Die Akasha Chronik kann sich aus der Erfahrung heraus auch sehr oft wandeln. Ich arbeite mit vielen Menschen über einen längeren Zeitraum zusammen. Hier kommt es häufig vor, dass sich dieselbe Akasha Chronik bei mehreren Sitzungen gleich zeigt. Und dann plötzlich, bei einer weiteren Sitzung mit derselben Person sowie derselben Chronik, kreiert sich ein neuer Raum. Für mich ist das immer ein Zeichen, dass sich die Innenwelt, die Ziele oder das Leben meines Gegenübers verändert haben. Häufig ist die Darstellung der Akasha Chronik auch ein Hinweis auf die Werte oder die aktuellen Themen des Lebens.

Mein Hellsehen war schon immer sehr ausgeprägt und ich hatte schon als Kind eine „blühende Fantasie". Vielleicht erinnerst du dich, als ich dir zu Beginn erzählte, wie ich meine angeblich blühende Fantasie in eigenen Geschichten verarbeitete. Heute weiß ich, dass ich schon damals mit meinem dritten Auge gesehen habe und nicht alles Fantasie war, sondern für meine Umwelt einfach nicht begreifbar war. Als ich begonnen habe, mit der Akasha Chronik zu arbeiten, habe ich sie immer wie einen Teil des Universums wahrgenommen. Alles war schwarz, ich sah ein paar Sternenbilder, Planeten und auf dieser schwarzen Leinwand wurden mir die Antworten gezeigt. Auch wenn ich andere Chroniken öffnete, landete ich immer in diesem universellen Bild. Gerade am Anfang hat mir das auch eine gewisse Sicherheit geschenkt, wirklich verbunden zu sein, da ich immer dasselbe sah, auch wenn sich die Botschaften an sich immer unterschieden haben.

Etwas später nahm ich die Akasha Chronik von mir und anderen dann als Bibliothek war, immer mit kleinen individuellen Feinheiten, wie Blumen, Teppichen, Bildern, Kristallen oder anderen Dingen, die mit meinen Klient:innen in der Regel immer stark resonierten. Es war auch oft die Art der Bibliothek, die sehr stark zu den individuellen Personen passte. Manche waren eher weiß, steril und aufgeräumt. Manche waren urig, alt, sogar staubig und versprühten einen mystischen Charakter. Mittlerweile nehme ich jede Akasha Chronik anders wahr und lasse mich vollkommen darauf ein, welches Bild mir zu Beginn der Verbindung gezeigt wird. Und ich habe hier schon völlig verrückte und gleichzeitig wunderschöne Dinge erlebt. Ich wurde schon inmitten eines Kristalles begrüßt, war schon in einer Burg und in einem Schloss, inmitten eines Waldes, in einem Steinbruch, an einem Strand, in einer Hütte, in einer Unterwasserwelt, in einer Pyramide oder einem indischen Pavillon. Meine eigene Akasha Chronik habe ich mir mit der Zeit selbst erschaffen und gemeinsam mit meiner Hüterin kreiert. Ein Wohnzimmer mitten in einem Wald, mit Hollywoodschaukeln, Zelten, einem Feuer, auf dem Marshmallows und Tee zubereitet werden, und viele kleine Kerzen und Lampions zwischen den Bäumen. Hier fühle ich mich rundherum wohl und so werde ich jeden einzelnen Tag in meiner Akasha Chronik begrüßt.

Ist das Hellsehen ausgeprägt sowie aktiviert, ermöglicht es dir nicht nur, die Akasha Chronik zu sehen, Bilder sowie Sequenzen wahrzunehmen, sondern auch feinstoffliche Wesen zu erkennen. Über dein Hellsehen wirst du also deine Hüter, Meister, dein geistiges Team, Ahnen oder Tiere sehen können. Ganz besonders ist das der Fall, wenn du mit einer verstorbenen Seele in Kontakt trittst und diese nach vielen Jahren wieder sehen darfst, um vielleicht Heilung nach einem Todesfall bewirken zu können.

Das Hellsehen bringt sehr viele schöne Dinge mit sich, aber auch so manches Unschöne. Denn ist dein Hellsehen aktiviert, kannst du auch die negativen Wesen, dunkle Erscheinungen, aber auch frühere unschöne Ereignisse klar erkennen. Durch die Arbeit mit der Akasha Chronik hat sich beispielsweise meine Fähigkeit des Hellsehens extrem intensiviert, sodass ich feinstoffliche Wesen um mich herum auch ohne die Verbindung zur Akasha Chronik deutlich erkennen kann. Es ist dabei wichtig zu verstehen, dass diese Dinge der Vergangenheit angehören, damit man sich in gewisser Weise davon abgrenzen kann. Bist du also sehr hellsichtig, bereite dich auch auf die unschönen Dinge vor, die dir dadurch begegnen können.

Du brauchst vor dunklen Wesen oder schweren Bildern keine Angst haben! Wie du damit schnell, sicher und geschützt arbeitest, erkläre ich dir in einem eigenen Kapitel. Sich jedoch auch mal schwere Erfahrungen aus früheren Leben oder der Kindheit nochmals anzusehen, gehört manchmal zum Prozess der Persönlichkeitsentwicklung dazu. Öffnen sich deine Hellsinne und vor allem auch das Hellsehen, dann wirst du all das Lichtvolle um dich herum erkennen und an manchen Stellen auch das Dunkle. Doch mit der Akasha Chronik arbeitest du immer auf Basis der Frequenz der bedingungslosen Liebe! Und diese Frequenz ist immer stärker und mächtiger als jede niedrig schwingende Energie.

Freue dich aber vielmehr auf die wunderschönen und magischen Erlebnisse, die dich noch erwarten werden!

Das Hellhören

Unter ***Hellhören*** versteht man nicht wirklich das Hören über deine physischen Ohren. Wenn deine Mama dich anruft, du das Handy in die Hand nimmst und sie sagen hörst, dass du gefälligst am Sonntag zum Familienbrunch erscheinen sollst, dann wirst du diese Worte über deine Ohren hören, filtern und mit deinem

Verstand verarbeiten können. Wenn du deiner Akasha Chronik einen Besuch abstattest und du von deinen Hütern den Rat bekommst, deine Familie mal etwas öfter zu besuchen, weil du vor deiner Verantwortung nicht davonlaufen kannst, dann werden diese Worte anhand von Frequenzen über dein drittes Auge an deine Gedanken geschickt, wo sie dann von deinem Verstand wiederum verarbeitet und integriert werden können. Bist du sehr hellhörig und hat sich dein Verstand hieran schon gewöhnt, dann kann es sich durchaus so anfühlen, als würdest du die Worte von anderen Dimensionen über deine Ohren aufnehmen. Vielmehr nimmst du aber wirklich Frequenzen wahr, die über deine Gedanken aufgenommen und in Worte transformiert werden. Auch hier spielt dein drittes Auge eine wesentliche Rolle, denn die Frequenzen der Akasha Chronik oder ganz allgemein aus der feinstofflichen Welt werden über dein drittes Auge an deine Gedanken weiter transportiert.

Das Hellhören ermöglicht dir, in der Arbeit mit der Akasha Chronik gesprochene Wörter oder ganze Sätze über deine Gedanken zu erhalten. Bitte erwarte hier nicht, eine andere Stimme zu hören. Diese Botschaften werden über die Frequenz deiner Gedanken übertragen, weshalb du diese auch in deiner eigenen Frequenz übermittelt bekommst. Gerade zu Beginn kann sich beim Hellhören am allermeisten dein Verstand einmischen, denn unsere Gedanken plaudern ja den lieben langen Tag fröhlich vor sich hin, ohne sich eine echte Pause zu gönnen. Beim Hellhören ist es also ganz besonders wichtig, wirklich darauf zu vertrauen, dass innerhalb einer Akasha Chronik Sitzung die Worte sowie Sätze nicht aus dem eigenen Verstand heraus entstehen, sondern von der Akasha Chronik selbst initiiert werden.

Das Hellhören hat sich bei mir beispielsweise erst mit sehr viel Übung gezeigt. Zu meinen Anfängen mit der Akasha

Chronik habe ich fast ausschließlich über Bilder, Sequenzen oder andere visuelle Anreize kommuniziert. Als das Hellhören nach einiger Zeit aktiviert wurde, war es für mich oft sogar sehr überfordernd, alle Reize miteinander in Einklang zu bringen. Mittlerweile kann ich das Hellhören bewusst steuern, wenn ich zu einem Bild eine Erklärung benötige oder wenn ich für ein:e Klient:in eine schriftliche Botschaft herauslesen möchte. In der Regel arbeite ich mit Klient:innen virtuell und live, da ich Klient:innen aus ganz Deutschland, Österreich und der Schweiz betreuen darf und weil ich mit diesen Personen sehr tiefgreifend sowie nachhaltig arbeiten möchte. Doch wenn eine Person eine Frage hat, die sich aus der Akasha Chronik beantworten lässt, ohne dass ich Veränderungen auf Seiten meiner Klient:innen vornehmen muss, dann eignen sich ganz wunderbar Botschaften, die ich ohne die physische Anwesenheit dieser Person aus seiner/ihrer Akasha Chronik herauslese. Diese übermittle ich dann meistens schriftlich oder als Sprachnachricht, da hier sehr oft Wort für Wort Botschaften fließen. Wenn ich mit Klient:innen also aktiv arbeite, Glaubenssätze auflöse, Erfahrungen aus früheren Leben befreie, Ahnentehmen heile, dann ist es mir immer wichtig, dass diese Person auch bewusst anwesend ist und auch ihre Einwilligung für Veränderungen innerhalb ihres Systems geben kann. Geht es eher um richtungsweisende Tipps, dann kann ich auch mal die Chronik eines Klienten öffnen, ohne dass er dabei sein muss – aber immer nur mit ausdrücklicher Erlaubnis! Besonders spannend ist das Hellhören bei Jenseitskontakten oder wenn ich mit Tieren kommuniziere. In dieser Art der Kommunikation liegt viel Heilung. Wenn dann noch persönliche Botschaften für Angehörige oder die Besitzer:innen des Tieres fließen, kann ein sehr tiefgreifender Prozess angestoßen werden.

Auch unabhängig von der Akasha Chronik ist das Hellhören präsent, wenn du plötzliche Eingebungen hast, die von deinem geistigen Team geschickt wurden. Vielleicht hattest du auch schon mal diese kleinen Warnungen im Kopf, wie „Halt", „Warte", „Lieber nicht", „Dreh um", etc. Hierbei kann es sich ebenfalls um Worte aus der geistigen Welt von deinen Beschützern oder Schutzengeln handeln, die dich vor einer kleinen bis großen Erfahrung bewahren wollen. Kennst du außerdem diese verrückten Menschen, die ständig Selbstgespräche führen und das mitten auf der Straße? Mit dem neuen Wissen aus diesem Kapitel frage dich bei der nächsten Begegnung, ob dieser Mensch wirklich Selbstgespräche führt oder ob er lediglich kommuniziert – und zwar mit anderen feinstofflichen Wesen oder mit dem eigenen geistigen Team. Nur weil er von außenstehenden Menschen vielleicht als verrückt angesehen wird, heißt das nicht, dass er auch wirklich verrückt ist. Vielleicht sieht er in diesem Moment einfach, wie die Welt wirklich ist, und kann durch die Schleier der Dimensionen hindurch blicken. Und was wäre, wenn diese Menschen gar nicht verrückt sind, sondern vielmehr die, die sich vor dieser Wahrheit noch verschließen und allein das Weltliche und Physische erkennen? Verrücktheit liegt immer im Auge des Betrachters und hat etwas mit den eigenen Grenzen des Möglichen zu tun.

Das Hellfühlen

Beim ***Hellfühlen*** ist es etwas anders als beim Hellhören oder Hellsehen, denn du kannst Berührungen, Erfahrungen oder Erlebnisse, die auf einer anderen Ebene existieren, durchaus über deinen physischen Körper wahrnehmen. Doch diese Wahrnehmungen werden erstmal über deine Aura oder deine Chakren gefühlt und dann an deinen Körper weitergeleitet. ***Hellfühlen*** bedeutet aber nicht nur, etwas von anderen Ebenen zu spüren, sondern auch Energien sowie Frequenzen von anderen Menschen fühlen bzw. wahrnehmen zu können. Bist du sehr hellfühlig, kannst du zum Beispiel spüren, ob es einem Menschen gut oder schlecht geht. Du spürst, ob ihn etwas tief bewegt, ob er die Wahrheit sagt oder ob er sich unsicher fühlt. Hellfühligkeit ist toll, um andere Menschen gut einschätzen zu können. Hochsensible Menschen haben ganz häufig ein sehr ausgeprägtes Hellfühlen! Es kann aber auch sehr überfordernd sein, wenn man wirklich alles um einen herum bei sich selbst spüren kann. Wenn du dich hier gerade sehr angesprochen fühlst, dann beschäftige dich gerne mit energetischen Schutzschildern, damit du dich vor den äußeren Einflüssen etwas abgrenzen kannst, um mehr in deiner eigenen Energie verweilen zu können. Das ist vor allem dann wichtig, wenn du dich in großen Menschenmengen aufhältst und spürst, dass alle anderen Energien dich tangieren. Schützt du dich hier nicht ausreichend, kann es dazu führen, dass du dich nicht wie du selbst fühlst, manchmal sogar ganz anders handelst, als du gerne handeln würdest.

In der Akasha Chronik kann sich das Hellfühlen auf verschiedene Weise zeigen. Wirst du zum Beispiel in frühere Leben, Kindheitssituationen oder Ahnenthemen zurückgeführt, dann kann es durchaus vorkommen, dass du diese Erfahrung mit allen Empfindungen nochmal durchleben wirst. Sind hier auch körperliche Schmerzen präsent, kannst du auch diese möglicherweise nochmals spüren. Manchmal ist dies wichtig, um den Schmerz überhaupt als wichtig zu erachten. Sobald dieser dann aber mithilfe der Akasha Chronik angeschaut und alles, was damit einhergeht, bearbeitet wurde, spätestens wenn man die Chronik wieder schließt, ist der Schmerz auf Ebene des

Hellfühlens wieder verschwunden. Das Hellfühlen ist natürlich auch dann aktiv, wenn du in anderen Chroniken liest, sodass du womöglich auch den Schmerz deines Gegenübers nochmal miterleben kannst. Wisse, dass diese Empfindungen allein während der Verbindung auftreten und sich verabschieden, sobald du den Kern aufgelöst bzw. die Akasha Chronik Sitzung beendet hast.

Das Hellfühlen ist bei mir ebenso wie das Hellsehen schon sehr lange aktiviert. Ich hatte schon immer ein gutes Gespür für andere Menschen, habe deren Schwingungen empfangen und konnte dadurch gut abschätzen, in welcher Stimmung sich dieser Mensch gerade befindet. Als ich begonnen habe, mit der Akasha Chronik zu arbeiten, hat mir das Hellfühlen einerseits geholfen, wirklich nachvollziehen zu können, was mein Gegenüber in der Vergangenheit erlebt sowie gefühlt hat, aber auch ihn/sie während einer schweren Sitzung gut halten zu können. Je stärker das Hellfühlen ausgeprägt ist, desto intensiver können sich die Wahrnehmungen äußern. Ich durfte mal eine Sitzung mit einer tollen Frau halten, die seit der Kindheit Probleme mit ihrer rechten Schulter hatte. Kein Arzt oder kein Osteopath konnte ihr bisher bei ihren Schmerzen weiterhelfen, daher hat sie mich um energetische Unterstützung gebeten. Wir wurden zum Ursprung der Schmerzen in ein früheres Leben zurückgeführt, in dem ein Schwertkampf stattfand, bei dem die Seele meiner Klientin durch ein Schwert an der rechten Schulter schwer verletzt wurde. Als ich dieses Leben beobachtete, spürte ich den Einstich des Schwertes für einen kurzen Moment selbst in meiner Schulter, bis wir das Thema hinter dem Leben aufgelöst hatten. Die Schmerzen hörten bei uns beiden auf. Sie waren bei mir physisch nie da, obwohl ich sie in meinem Körper gespürt habe. Hier war das Hellfühlen aktiv.

Das Hellriechen

Wenn du an einem frisch gedüngten Feld vorbeiläufst, dann wirst du die Nase rümpfen bei dem Gestank, den du durch deine physische Nase aufnehmen wirst. Reist du über die Akasha Chronik in ein früheres Leben, in dem du ebenfalls mit diesem netten Geruch konfrontiert wirst, dann erinnert sich entweder dein Verstand an diesen Geruch, sodass du ihn wieder riechen kannst, oder dein Hellriechen wird aktiviert.

Beim ***Hellriechen*** ist es oft das Erinnerungsvermögen, welches Gerüche durch unseren Verstand so kraftvoll projizieren kann, dass du denkst, diesen Geruch gerade wirklich wahrzunehmen. Dies kann auch durch tief verborgene Ereignisse, die in unserem Unterbewusstsein abgespeichert sind und an die du dich gar nicht wirklich erinnerst, hervorgerufen werden. Ich werde zum Beispiel immer mit diesem kernigen Geruch von Mull konfrontiert, wenn ich mir Ereignisse aus der Kindheit anschaue, speziell aus der Zeit, in der ich noch mit meinen Eltern in unserem Haus gewohnt habe. Dieser Geruch hat sich so mit diesen Erinnerungen verwoben, dass er mir immer wieder begegnet, obwohl ich heute mitten in der Stadt wohne und so gut wie nie mit Mull in Berührung komme. Mein Gehirn hat diese Erinnerung mit diesem Geruch verknüpft, sodass ich diesen immer dann wahrnehme, wenn ich in eine bestimmte Zeit meiner Kindheit reise.

Es gibt aber auch den anderen Fall von Hellriechen, bei dem du Gerüche wahrnimmst, die dir nicht bekannt vorkommen und die du im ersten Moment vielleicht auch gar nicht einordnen kannst. So ging es mir mal in einer Akasha Chronik Sitzung mit einer Klientin, als wir in eine Situation ihrer Kindheit zurückgingen, um ihre Angst vor Pferden auflösen zu können. Ich nehme während einer Akasha Chronik Sitzung wenig, eigentlich nie Gerüche wahr. Das Hellriechen ist bei mir nicht besonders gut ausgeprägt. Doch an diesem Pferdestall in ihrer Kindheit wuchs eine Pflanze, die ich nicht kannte und die einen total beißenden Geruch hatte. Mein erster Gedanke war, dass es hier nach Urin roch. Als ich das meiner Klientin erzählte, musste sie schmunzeln. Sie sagte, das wäre nicht unbedingt ihr Vergleich gewesen, jedoch wuchsen an den Ställen des Pferdehofes ihrer Kindheit Pflanzen, die man auch unter dem Namen „Traubenkirschblüten" kennt (falls du es nachsehen möchtest). Sie erinnerte sich, dass es für sie immer sehr muffig gerochen hatte und dieser Geruch bei ihr heute noch keine schönen Erinnerungen hervorriefe.

Das ***Hellriechen*** ist bei mir selbst eher außerhalb der Akasha Chronik präsent, wenn ich Besuch auf feinstofflicher Ebene bekomme.

Mein Opa hat zu seinen Lebzeiten früher immer eine braune Lederjacke getragen, die einen ganz bestimmten Geruch hatte, weil er sich noch mit seinem Parfüm vermischte. Jedes Mal, wenn mir dieser Geruch dann in die Nase steigt, weiß ich, dass mein Opa ganz in der Nähe ist.

Gerade wenn ich draußen unterwegs bin, schütze ich mich vor äußeren Einflüssen, sodass ich nicht mit den Menschen und der feinstofflichen Welt konfrontiert werde. Dieser kleine Hinweis durch den Geruch meines Opas hilft mir oft, mich in großen Menschenmengen sicher und geborgen zu fühlen. Auf der anderen Seite nehme ich auch manchmal fremde Gerüche wahr, wenn sich ein Wesen in meiner Umgebung befindet, dass ich nicht kenne. Auch das hilft mir, mich auf diesen Besuch aufmerksam zu machen, damit ich mich dann aktiv verbinde, um entweder Hilfestellung zu leisten oder das Wesen ins Licht zu schicken.

Das Hellwissen Kennst du dieses Gefühl, wenn dir etwas in den Sinn kommt, das du dir nicht erklären kannst, du aber mit genau diesem Impuls voll ins Schwarze triffst? Nenn es gerne Intuition, doch ich nenne es ***Hellwissen***. Du kannst dir nicht im Ansatz vorstellen, was für eine weise Seele da in dir ruht und auf wie viel Wissen du zurückgreifen kannst, wenn du deine Seele sprechen lässt. Unfassbar magisch! Denn deine Seele ist bestimmt schon seit vielen Tausenden von Jahren auf der Erde, auf anderen Planeten oder auf feinstofflicher Ebene unterwegs und konnte sich dadurch einen reichen Erfahrungsschatz sowie eine riesengroße Bibliothek an Wissen aufbauen. Je stärker du dich mit deiner Seele verbindest, desto mehr Zugriff hast du auf dieses Wissen und aktivierst dein Hellwissen.

Dein ***Hellwissen*** ist eng verbunden mit deinem Herzen, denn dein Herz ist der Kommunikationskanal deiner Seele. Für mich sind das Hellwissen und die Intuition zwei verschiedene paar Schuhe, die du aber trotzdem als Symbiose verstehen darfst. Das Hellwissen wird über dein Herz gesteuert, deine Intuition über dein Bauchgefühl. Dein Hellwissen greift also einerseits auf die Erfahrungen sowie Erinnerungen deiner Seele zurück, aber auch auf die Planung deines Inkarnationsweges, den du dir vor deiner Geburt überlegt hast. Deine Intuition beruht nicht selten auf dem Glaubenssystem deines Unterbewusstseins. Dein Hellwissen lässt dich manchmal unmögliche Dinge wissen, deine Intuition lenkt dich auf deinem Weg, damit du die beste Richtung für dich wählst. In der Akasha Chronik zeigt sich das Hellwissen als klare Gedankenimpulse, die dir als Antwort auf eine Frage regelrecht in den Kopf schießen. Du weißt die Antwort einfach, ohne dass du ein einziges Bild gesehen, Wort gehört oder Emotion gefühlt hast. Es ist glasklar, dass es diese Antwort sein muss – ohne jegliche Zweifel. Ich bemerke mein Hellwissen oft schon vor einer Akasha Chronik Sitzung. Wenn eine Anfrage von einer Person in mein Postfach flattert, ich die Bestätigungsmail vorbereite und mich gedanklich schon auf meine:n Klient:in einlasse, bekomme ich einige Impulse von dem, was mich in der eigentlichen Sitzung erwarten wird. Aber auch während einer Akasha Chronik Sitzung kommt die Antwort schon, bevor eine Frage ganz ausgesprochen ist. Sie ist einfach da, ohne dass mein Gegenüber etwas sagen muss. Bei Sitzungen mit anderen Menschen bekomme ich schnell die Bestätigung für mein Hellwissen, sodass ich hier gelernt habe, meinen Wahrnehmungen einfach zu vertrauen. Wenn ich für mich selbst in meiner eigenen Akasha Chronik lese, ist immer noch häufig mein Ego präsent, das mir weiß machen möchte, dass es unmöglich so leicht gehen darf.

Dein Hellwissen wird sich automatisch durch die mediale Arbeit aktivieren, die du durch die Akasha Chronik ausüben wirst. Auch die Verbindung zu deiner Seele wird hier sehr gestärkt, weil du beginnst, dich zu erinnern. Du erkennst deine Seele in dir und fängst an, dir deine eigenen Erfahrungen anzuschauen, wodurch du automatisch das Band zwischen dir und deiner Seele intensivierst. Vielleicht ist das ein kleiner Ansporn für dich, ganz viel zu üben, denn das Hellwissen ist wirklich eine coole Sache. Bitte gehe aber nicht davon aus, dass du über dein Hellwissen dann die Lottozahlen wissen wirst und ganz schnell Millionär wirst. Allen voran ist deine Akasha Chronik daran interessiert, dich innerhalb deiner Inkarnation zu unterstützen, die beste Version deiner Selbst zu werden. Dazu gehört eigenverantwortliches Denken und Handeln. Im Lotto zu gewinnen, könnte da tatsächlich etwas kontraproduktiv sein. Vielleicht hast du mit dem Thema Geld auch noch eine andere Aufgabe aufzuarbeiten, sodass der Lotto-Gewinn zu leicht wäre. Wisse, dass das Hellwissen zwar ultra cool ist, aber nicht deine Eigenverantwortung ersetzt.

Lass dir auch von meiner Akasha Chronik Folgendes zu deinen HELLSINNEN sagen:

„**DEINE HELLSINNE GEHÖREN ZU DIR**, so wie dein Augenlicht, dein Geruchssinn, dein Spürsinn, dein Gehörsinn und dein Verstand zu dir gehören. Es ist manchmal sogar eher so, dass deine Hellsinne ausgeprägter sind als deine physischen Sinne. Möglicherweise fehlt dir sogar einer der physischen Sinne, dann kannst du diesen über den entsprechenden geistigen Sinn ausgleichen. In jedem Lebewesen existieren diese geistigen Sinne, denn deine Seele bringt sie mit in deinen Körper. Manchmal vergisst du einfach, wie magisch du in Wirklichkeit bist. Dann lass dich nun von uns daran erinnern, dass es kein einziges Lebewesen gibt, das nicht magisch ist. Gehe auf Erkundungstour und entdecke deine Sinne voller Freude. Denn es ist ein Geschenk, dein Leben auf einer viel intensiveren Reise zu erleben."

Die Sache mit Vorurteilen

Über die Akasha Chronik kursieren noch viel zu viele Vorurteile, die ebenfalls viel zu viele Menschen davon abhalten, es mit ihrer eigenen Akasha Chronik überhaupt zu versuchen. Einige der Vorurteile machen mich richtig traurig, manchmal auch fuchsteufelswild, denn sie entsprechen überhaupt nicht der Wahrheit und werden aus den falschen Beweggründen heraus verbreitet. Manche Menschen sind noch so sehr in ihrem Verstand gefangen, dass sie sich selbst Steine bei dieser wundervollen Arbeit in den Weg legen. Manche Menschen beanspruchen das Recht, in der Akasha Chronik zu lesen, für sich selbst und verbreiten bewusst „Angst und Schrecken", um andere an sich zu binden, denn nur bei diesen Menschen seist du „sicher". Und wieder andere Menschen arbeiten schon sehr lange mit der Akasha Chronik, haben sich aber nicht mit der Modernität der Spiritualität weiterentwickelt und sich deshalb verwehrt, über ihren eigenen Horizont hinauszublicken, sodass sie dir ihre eigenen Grenzen auftischen. Daher ist hier mein Appell an dich: Hinterfrage die Dinge, die sich für dich widersprüchlich anfühlen, anstatt sie einfach aufzusaugen und dir selbst dadurch viele Möglichkeiten und Chancen zu verwehren. Um dich auf einiges vorzubereiten, lass uns gemeinsam ein paar Vorurteile beleuchten! Kleiner Tipp: Nimm's mit Humor!

Die Akasha Chronik wurde von jemandem erfunden.

Einfach nur Nein. Die Akasha Chronik existiert seit Anbeginn der Zeit. Es handelt sich hier um eine fortlaufende Aufzeichnung von allem, was ist, allem, was jemals existiert hat, und teilweise auch von Umständen, die noch sein werden. Sie ist Teil unserer Quelle, unserer Schöpfung, des Universums und in ihr findest du alles, was du über alle universellen Zusammenhänge, aber vor allem über dein Leben wissen musst. Kein Mensch dieser Welt hat das Recht, die Akasha Chronik für sich zu beanspruchen. Denn kein einziger Mensch ist so weise wie unser Universum. Wenn du dir also vorstellst, dass die Akasha Chronik mit dem Beginn unseres Universums entstanden ist, mit dem Urknall sozusagen, seitdem fortlaufend aufzeichnet, nicht nur über dich und deine Seele, sondern **über wirklich alles**, was im Universum existiert, wie begrenzt ist es, diese Magie für sich selbst pachten zu wollen? Die Akasha Chronik existiert, seit es das Universum gibt. Bestimmt gibt es Seelen, die genauso „alt" sind, aber kein lebender Mensch und damit auch kein existierender Verstand, wird jemals (!!!) an diese Fülle von Informationen herankommen und sollte es daher auch nicht einfach behaupten.

Es gibt unheimlich viele Menschen, die als Akasha Chronik Medium arbeiten und die ihre eigene Vorgehensweise lehren. Dabei haben sie entweder selbst eine Akasha Chronik Ausbildung besucht oder sie haben ihre Erfahrungen mit der Akasha Chronik selbst gesammelt. Denn Fakt ist, dass du keine Ausbildung für diese wundervolle Arbeit brauchst. Deine Seele kennt all diese Zusammenhänge und kennt die Magie der Akasha Chronik. Allein dein Verstand ist es, der sich an die Weisheit deiner Seele sowie deine ganz natürliche Verbindung zur Quelle erinnern darf. Seelen, die zur aktuellen Zeit inkarnieren, haben den großen Vorteil, in ein erhöhtes Bewusstsein hineingeboren zu werden. Es kann also durchaus vorkommen, dass sich Kinder noch sehr deutlich an die Zeit vor ihrer Inkarnation erinnern können. Das hat aber auch viel mit der Einstellung der

Eltern sowie des Umfeldes zu tun, in dem das Kind aufwachsen wird. Denn gerade, wenn es mit der Schule losgeht, vergessen wir unsere eigene Spiritualität. Plötzlich werden wir mit weltlichen Dingen überhäuft, die äußeren Einflüsse erdrücken uns, und es bleibt uns als Kind nichts anderes übrig, als unsere Spiritualität erst mal auf Pause zu setzen. Auch die mögliche Ablehnung, Kritik oder gar Mobbing in der Schule, wenn wir unsere „normale Andersartigkeit" erkennen, kann dazu führen, dass wir uns als Kind eher verschließen. Unterstützen wir unsere Kinder aber frühzeitig dabei, sich ihren Fähigkeiten weiter zu widmen, um ihre spirituellen Fähigkeiten zu erfahren, dann sind all die geistigen Zusammenhänge nichts, was sie lernen müssen. Es existiert und es ist absolut normal, was für eine Frage?

Mittlerweile kennst du vielleicht meinen Standpunkt, dass die Akasha Chronik für mich das normalste der Welt ist, genauso wie Magie und alles, was mit Energiearbeit zu tun hat. Für mich persönlich sind eher die Menschen, die sich hiervor noch verschließen, andersartig. Aber die Gesellschaft teilt meine Ansicht noch nicht so ganz. Das ist auch absolut in Ordnung, denn auch ich musste mich während meiner Ausbildung erst wieder erinnern und den Schleier lüften, den ich mir während der Schulzeit gewoben hatte. Es ist also noch zu hoffen, dass auch die Gesellschaft sich immer mehr öffnen wird.

Wenn du dir also gerne eine:n Lehrer:in an die Seite holen möchtest, dann spür mal in die Arbeitsweise dieser Person hinein, ob diese mit deinen Werten resoniert. Welche Energie versprüht die Person? Würdest du gerne genauso in der Akasha Chronik lesen lernen, wie die Person es tut? Resonieren die Reden der Person mit dir? Spricht dich die Homepage, die Texte, die Bilder oder die Farben an? Buche dir auch gerne vorher eine Akasha Chronik Sitzung, damit du dich wahrhaftig in die

Energie dieser Person hineinfühlen kannst. Wenn sich dann alles stimmig anfühlt, bist du richtig. Du kannst dir das Lesen in deiner Akasha Chronik aber auch selbst beibringen, und dazu darf dir dieses Buch hier eine kleine Unterstützung sein. Denn alles, was du dort lernst, kannst du dir in der Zusammenarbeit mit deinen Meistern, Hütern und Ahnen selbst beibringen. Du wirst alles erfahren, was du wissen möchtest über deine Akasha Chronik, ob du nun eine:n Lehrer:in hattest oder nicht! Lasse dir also keinen Bären aufbinden, wenn dir jemand sagt: „Nur mit meiner Hilfe schaffst du das!" Was ich dir aber gerne ans Herz legen möchte ist, niemals aufzuhören, dich weiterzubilden, zu lernen, weiser werden zu wollen und innerlich zu wachsen. Gerade wenn du über die Akasha Chronik auch mit anderen Menschen arbeiten möchtest, wird dir eine sehr große Verantwortung zuteil. Denn du kannst Veränderungen in der Seele sowie im Energiesystem bewirken und beim Prozess des eigenen Körpers kraftvoll unterstützen. Diese Arbeit ist also nicht leichtfertig anzuwenden. Bist du dir hier also noch unsicher, kann dir eine Ausbildung Sicherheit, Ruhe und einen großen Wachstumsschub ermöglichen.

Es gibt nur einen richtigen Weg, um sich mit der Akasha Chronik zu verbinden.

Je mehr du dich mit der Akasha Chronik beschäftigst, desto mehr Menschen du kennenlernst, die die Akasha Chronik praktizieren, und desto mehr Bücher du liest, umso mehr wirst du feststellen, dass es mehr als nur einen Weg gibt. Es gibt sogar Millionen Wege! Denn rein theoretisch könnte jeder einzelne Mensch seinen ganz persönlichen Zugang zur Akasha Chronik kreieren. Wenn dir also ein anderes Akasha Chronik Medium oder ein:e andere:r Akasha Chronik Lehrer:in sagt, dass es nur einen richtigen Weg gibt, ist das schlichtweg falsch. In meinen Ausbildungen lehre ich drei verschiedene Möglichkeiten, wie man sich mit der Akasha Chronik verbinden kann:

1. Über ein heiliges Gebet, das ich über meine eigene Akasha Chronik gechannelt habe und du in diesem Buch ebenfalls finden wirst.
2. Über eine geführte Meditation, die ich ebenfalls in Zusammenarbeit mit meinen Hütern kreiert habe.
3. Die individuelle Methode, die sich jeder Mensch mit der Unterstützung seiner Akasha Chronik selbst kreieren kann.

Wenn du also jemandem begegnest, der dir erklären möchte, dass es nur einen einzigen Weg gibt, sich mit der Akasha Chronik zu verbinden, dann ist das seine persönliche Grenze. Lass es bitte nicht zu deiner werden! Ich möchte an dieser Stelle einmal sagen, dass es einige Menschen auch gar nicht böse meinen, sie sich ihrer eigenen Grenzen einfach nicht bewusst sind. Das gibt es häufig im spirituellen, aber auch im weltlichen Bereich. Wenn dir deine Freundin sagt, dass sie keine Möbel zusammenbauen kann, du aber schon viele Regale aufgebaut hast, dann ist das die persönliche Grenze deiner Freundin, jedoch nicht deine. Wenn dir dein Freund sagt, dass es unmöglich ist, mit anderen Sphären zu kommunizieren, du aber schon viele bestätigende Botschaften erhalten hast, dann ist das die Grenze deines Freundes, jedoch nicht deine. Wenn dir eine Bekannte erzählt, dass sie in einer Ausbildung gelernt hat, dass es nur einen Weg gibt, sich mit der Akasha Chronik zu verbinden, du aber schon längst deinen eigenen Zugang erschaffen hast, dann ist das die Grenze deiner Bekannten, jedoch nicht deine. Die meisten Grenzen entstehen aus dem eigenen Verstand, weil man sich durch Erfahrungen oder Glaubenssätze nicht zutraut, über den eigenen Horizont hinauszublicken. Ermutige solche Menschen vielmehr, indem du als Inspiration vorausgehst und deine eigenen Grenzen immer wieder ausweitest, indem du neue Erfahrungen sammelst und deine Komfortzone verlässt.

Vielleicht wirst du auch mal auf spirituelle Lehrer:innen treffen, die dir ihre eigenen Grenzen weitergeben. Bitte überprüfe dann, ob diese Grenzen mit dir resonieren oder du dir vielmehr ein eigenes Bild machst. Hast du aber das Gefühl, dass dir ein:e Lehrer:in, Mentor:in oder Coach:in eine Grenze vorsetzt, um dich aus wirtschaftlichen oder finanziellen Gründen an ihn zu binden, dann darfst du dich ganz liebevoll von diesem Menschen verabschieden, denn das hast du nicht nötig. Die Akasha Chronik ist frei. Spiritualität ist frei. Du bist frei! Lass dir keine Grenzen aufzwingen.

Nur besondere Menschen können in der Akasha Chronik lesen.

Nein.
Jeder Mensch kann in seiner Akasha Chronik lesen, denn jeder Mensch ist etwas Besonderes. Es ist sogar dein Geburtsrecht, deine Akasha Chronik zu öffnen. Deine Hüter und Meister freuen sich schon darauf, endlich mit dir in Kontakt treten zu können, um dir bei all deinen Aufgaben und Herausforderungen zur Seite zu stehen. Diese Aussage, dieses Vorurteil ist fast eine Beleidigung, denn sie unterstellt, dass es Menschen geben soll, die einfach nicht besonders sind. What the f*ck? Wer kommt auf sowas? Allein der begrenzte menschliche Verstand kann eine solche Aussage tätigen.

Ich habe auch schon gelesen, dass man seine Akasha Chronik nur dann öffnen könne, wenn man dazu auserwählt oder noch besser ein erleuchteter Meister sei. Lustigerweise soll man aber von einem anderen Menschen auserwählt werden. Das macht überhaupt keinen Sinn, denn die Akasha Chronik unterliegt keinen Gesetzen, die in der Macht von irgendeinem Menschen auf dieser Erde liegen. Lass dir also auch hier keinen Bären aufbinden! Wenn du willst, dann kannst du auch. Du wirst weder vor einem Tor stehen und um Erlaubnis bitten müssen, noch wirst du abgewehrt werden, weil dir irgendetwas fehlt! Du wirst in deiner Akasha Chronik mit offenen Armen und Herzen empfangen, immer und zu jeder Zeit.

Es gibt dennoch drei Gründe, warum es dir gerade am Anfang etwas holprig vorkommen könnte:

1. Deinem Verstand könnte es schwerfallen, sich auf die geistige Arbeit einzulassen, weil er diese Arbeit nicht greifen und erklären kann. Daher darfst du deinem Verstand immer wieder lehren, dass all das wirklich ist.
2. Glaubenssätze können dich unbewusst von dieser Arbeit abhalten, um dich zu schützen, eine wiederkehrende schlechte Erfahrunge erneut zu durchleben. Es kann sich anfühlen, als hättest du ein Brett vor dem Kopf oder als würdest du eine Augenbinde tragen, von der du dich nicht befreien kannst. Diese Glaubenssätze darfst du nach und nach auflösen, um dich frei mit der Akasha Chronik entfalten zu können.
3. Emotionen wie Angst, Wut oder Eifersucht aus vergangenen Tagen können dich ebenfalls unbewusst wie ein Schleier begleiten, um dir auch hier zu spiegeln, dass du deine Schatten in Licht verwandeln darfst, um die Tiefen deiner

Akasha Chronik zu erkunden. Neid und Eifersucht entstehen häufig auch in deiner Gegenwart, wenn du beginnst, dich mit anderen zu vergleichen. Auch das kann ein Störfaktor sein, wenn du mit deiner Akasha Chronik arbeiten möchtest. Lerne, dich auf dich und deine Fortschritte zu konzentrieren, anstatt dich am Tempo der anderen zu orientieren.

Natürlich ist es bei diesen drei Punkten dann schwierig, einen eigenen Zugang zu finden, wenn du noch alte Blockaden mit dir herumträgst. Suche dir dann eine Akasha Chronik Hexe, mit der du an diesen inneren Zweifeln, Glaubenssätzen sowie Blockaden arbeiten kannst.

Die Akasha Chronik ist ein gefährlicher Ort.

Die Akasha Chronik ist genau das Gegenteil von gefährlich! Es ist ein sicherer geistiger Ort, an dem du dich vollkommen fallen lassen kannst. Wenn du dich mit deiner Akasha Chronik verbindest, dann sind dort Meister, Hüter und Ahnen, die nur mit dir allein in Verbindung stehen und dich in deinem Leben unterstützen wollen. Du kannst dir also sicher sein, dass alle Botschaften, die während einer Akasha Chronik Sitzung zu dir fließen, auch allein für dich bestimmt sind. Hier kann sich niemand einfach so einwählen und dir durch falsche Botschaften Steine in den Weg legen.

So habe ich übrigens zur Akasha Chronik gefunden, denn ich habe schon vor sehr langer Zeit Botschaften von Quellen erhalten, die ich nicht zuordnen konnte. Das hat mich damals verunsichert, mir manchmal auch Angst gemacht, denn ich wusste nie wirklich, wer zu mir spricht und ob diese Worte mit liebevollem Hintergrund geäußert werden. Auch wenn ich manchmal einen bestimmten Namen im Kopf hatte und auch gewisse

Impulse erhielt, ob es sich um einen Engel, ein Geistwesen oder meinen Opa handelte, wusste ich doch, dass ich mir nie zu 100 % sicher sein konnte. Also bat ich in einer Meditation um einen sicheren Ort, damit ich mehr in die Fähigkeit des sogenannten „Channelns" hineinfinden konnte. Wenige Tage später las ich in einem Buch über die Akasha Chronik und so fand ich meinen geistigen Safe Space. Am Anfang habe ich dir die Akasha Chronik schon als ein geistiges Wohnzimmer beschrieben, denn es fühlt sich für mich genauso sicher, gemütlich und geborgen an, wie in einem Zuhause. Selbst wenn ich mit negativen Wesen, schwerer Magie oder Flüchen arbeite, begleitet mich nie Angst bei der Arbeit. Denn ich weiß, dass die Liebe aus der Akasha Chronik stets höher schwingt als jede negative Energie. Dir kann rein gar nichts passieren, wenn du dich für deine Akasha Chronik öffnest. Doch warte! Es könnte passieren, dass echte Wunder in deinem Leben möglich werden.

Es braucht viel Übung, um eine Verbindung herstellen zu können.

Das kann ich nicht ganz verneinen, denn es hängt ein bisschen von dir ab. Wenn du gewillt bist, dich den möglichen Anfangsschwierigkeiten zu stellen und hinzusehen, wenn sich eine Blockade, eine Emotion oder ein Glaubenssatz in Bezug auf die geistige Arbeit zeigt, dann wird es nicht viel Übung brauchen. Wenn du bei kleinen Hürden aber eher gewillt bist, hinzuschmeißen, anstatt über die Hürde hinwegzugehen, dann könnte es ein bisschen mehr Zeit in Anspruch nehmen, bis du an Übung sowie Sicherheit gewinnst. Eine Ausbildung, ein Workshop oder Partner:innen, die mit dir regelmäßig diese Arbeit üben, können an dieser Stelle Gold wert sein, um dir den

Einstieg zu erleichtern und dir eine Abkürzung zu bieten. Ich möchte dir daher auch ans Herz legen, alles offen entgegenzunehmen, was zu dir fließen möchte. Das bedeutet, die lichtvollen Botschaften genauso zu ehren wie die Schattenseiten, die dir offenbart werden. Die Arbeit mit der Akasha Chronik ist nämlich nicht allein dazu da, um dir Licht, Liebe, Anerkennung sowie Leichtigkeit zu schenken. Oft kommen diese Gefühle, diese leichten inneren Zustände erst, wenn wir unsere Schattenseiten beleuchten. Du darfst dir deine tiefsten Gewässer ganz besonders anschauen, um wahre Leichtigkeit erfahren zu können. Ansonsten arbeitest du nur oberflächlich, in dir wird es immer brodeln und dein Unterbewusstsein wird dich weiter davon abhalten, dein wahres Potenzial entfalten zu können. Willst du das? Oder gehst du lieber einmal kurz durch die Schei*e, um dann endlich wieder aufatmen zu können? Es hängt also auch damit zusammen, wie oft du dir Zeit nimmst, die Tiefen der Akasha Chronik zu erkunden.

Seit ich mit dieser Methode in Berührung gekommen bin, vergeht kein Tag, an dem ich mich nicht mit meiner Akasha Chronik verbinde – und wenn es nur für drei Minuten ist. Heute bin ich auch innerhalb von Sekunden verbunden und erhalte innerhalb von Sekunden Botschaften, für mich, aber auch für andere Personen. Übung, Fleiß und Engagement darf sich hier genauso auszahlen wie dein tägliches Engagement beim Sport, der Arbeit oder der Erziehung deiner Kinder. Und dann verspreche ich dir, wirst du ganz schnell die ersten Erfolge sehen und die Arbeit wird dir unheimlich leichtfallen, aber vor allem Kraft, Mut und Magie schenken. Aber eins sage ich dir noch vorneweg: Routine wirst du in der Akasha Chronik nicht finden! Noch heute, nach all den Jahren, begegnen mir immer wieder Dinge, die ich vorher noch nie erlebt habe, und das ist einfach großartig!

In jede Akasha Chronik Sitzung gehe ich unvoreingenommen hinein, denn ich weiß wirklich niemals, was mich erwarten wird. Diese Arbeit erfordert also auch immer einen bewussten Schritt aus der Komfortzone heraus, wenn du ein wirklich gutes Akasha Chronik Medium sein möchtest!

Lange Zeit hatte ich die Auffassung, dass man die Vergangenheit nur begrenzt verändern kann, im Sinne von Glaubenssätzen oder Emotionen auflösen. Doch dann las eine Freundin in meiner Akasha Chronik, wir reisten in ein früheres Leben und es gab dort eine schwierige Situation mit meiner Seele und der meines Opas. Sie bekam den Hinweis aus ihrer Akasha Chronik, dass wir diese Situation so verändern sollen, dass sich der Ausgang verändert und somit der emotionale Druck aufgelöst werden kann. Hätte ich hier an meiner eigenen Auffassung festgehalten und mir selbst verwehrt, dieses Angebot aus der Akasha Chronik anzunehmen, wäre ich noch genauso begrenzt wie vor dieser Erfahrung. Nach dieser magischen Sitzung mit meiner Freundin habe ich sogar meine Ausbildungen der Akasha Chronik überarbeitet, weil ich diese Erkenntnis unbedingt mit all meinen Schüler:innen teilen wollte. Je mehr du also übst und je mehr eigene Erfahrungen du sammelst, desto mehr wird dir die Magie der Akasha Chronik offenbart werden.

Die Akasha Chronik kommuniziert nur in einzelnen Worten.

Ich stell mir die Frage, wieso die geistige Welt, die so viel weiser und entwickelter ist als der menschliche Verstand, nur in Bruchstücken mit uns kommunizieren können soll? Und die zweite Frage, die ich mir stelle, ist, mit wem ich dann diese ganzen Konversationen führe? Dieses Vorurteil beweist leider nur wieder, wie eingeschränkt wir im menschlichen Denken sein können, und hat nichts mit der Akasha Chronik zu tun.

Natürlich kann es vorkommen, dass man selbst nur Bruchstücke aus der Akasha Chronik wahrnehmen kann, weil beispielsweise das Hellhören nicht zum ausgeprägten Hellsinn gehört. Dies sollte man aber definitiv nicht verallgemeinern und dadurch anderen Menschen eine falsche Sicht dieser Arbeit mitgeben. Bei mir zum Beispiel ist das Hellfühlen nicht ganz so stark ausgeprägt wie die anderen Hellsinne. Deshalb würde mir aber noch lange nicht einfallen zu behaupten, dass die Akasha Chronik lediglich über den Herzraum Gefühle ausschickt (nur weil ich es eben manchmal dort spüre). Ich kenne Schüler:innen aus meinen Ausbildungen, die mit ihrem Hellfühlen durch ganze Readings durchführen können.

Was dieses Vorurteil angeht, kann ich dir auf jeden Fall versichern, dass du die intensivsten, lustigsten und manchmal auch verworrensten Gespräche mit deiner Chronik führen kannst – und das in ganzen Sätzen! Mein aktuell liebster Satz von meiner Hüterin ist übrigens folgender: „Mensch, dass man dich auch mal wiedersieht!" Oops!

Hokus Pokus, Esoterikscheiß und Halsabschneiderei.

Mein Lieblingsvorurteil, definitiv. Denn es begegnet mir immer wieder, egal wie lange ich mit der Akasha Chronik nun auch schon Geld verdiene. Ich habe allerdings schon zu viel erlebt, so viel Magie, so viel „Unmögliches“, so viel Wachstum sowie Heilung, sodass es mir widerstreben würde, diese Arbeit nicht mehr auszuüben. Über 1000 Akasha Chronik Sitzungen in anderen Akasha Chroniken, in denen ich Dinge gesehen habe, die ich unmöglich hätte wissen können, haben meinem Verstand gelehrt, dass all das wirklich ist. Die Bestätigung meiner Klient:innen, die großen Augen und das Erstaunen, wenn etwas wie die Faust aufs Auge passt, ist das, was es braucht, um immer sicherer zu werden und sich von diesem Vorurteil nicht mehr aus der Bahn werfen zu lassen. Es ist außerdem nicht deine Aufgabe, Skeptiker von der Magie der Akasha Chronik zu überzeugen. Wenn mir jemand sagt, er glaubt nicht an diesen Esoterikscheiß, dann akzeptiere ich das. Greift mich dieser Mensch persönlich an, weise ich ihn in seine Grenzen. Doch hat er einfach eine andere Weltanschauung als ich, dann lasse ich ihm diese, bis er sich irgendwann dazu entscheidet, sich vielleicht doch zu öffnen. Dann bin ich gerne als liebevolle Unterstützung an der Seite dieses Menschen. Doch ich verschwende nicht mehr sinnlos Zeit oder Energie, mit jemand anderen zu diskutieren, der Recht haben möchte, anstatt jeden so sein zu lassen, wie er nun mal sein möchte.

Du musst dich genauso wenig dafür rechtfertigen, dass du an die Akasha Chronik glaubst, wie jemand, der nicht an sie glaubt. Denke immer daran: „Leben und leben lassen." Was „normal" ist, definiert jeder Mensch für sich selbst. Es spricht nichts dagegen, sachlich und erwachsen über verschiedene Ansichten zu sprechen oder auch zu diskutieren. Das hilft sowohl einem sehr spirituellen Menschen, die weltliche Ansicht manchmal mehr wahrzunehmen, sowie es einem eher rationalen Menschen hilft, die eher spirituelle Komponente besser verstehen zu können. Doch wenn zwei Extreme aufeinandertreffen, bei der keine Partei von ihrem Standpunkt abweichen und sich für den anderen öffnen möchte, dann sollte man sich erst mal zurückziehen, die eigenen Emotionen ergründen und vielleicht überprüfen, ob man mit diesem Menschen noch auf einer Wellenlänge ist und die gleiche Energie teilt.

Nur eine neue Technik, um Menschen zu manipulieren.

Mir wurde schon oft gesagt, dass ich die Menschen einfach nur gut lesen kann oder sie vorher gegoogelt habe, weshalb ich mir manche Fakten über diesen Menschen erschließen konnte. Wenn der Verstand noch eine Erklärung braucht, dann wäre das auf jeden Fall ein guter Ansatz. Jedoch tue ich persönlich genau das Gegenteil, denn ich möchte mich selbst nicht beeinflussen, bevor ich eine Akasha Chronik Sitzung gebe. Je offener ich in eine Sitzung hineingehe und je weniger Informationen mir über die Person vorliegen, desto befreiter fühle ich mich und desto leichter sowie klarer kann ich die Botschaften empfangen. Menschen, die eine Akasha Chronik Sitzung buchen, brauchen keine Wiederholung von dem, was man über sie im Internet, auf Instagram oder auf Facebook nachlesen kann. Es ist lediglich der äußere Schein, der über diese Personen zu finden ist. Denn im Internet findet man nur selten die Themen, die eine Person gerade wirklich bewegen. Und erst recht findet man nicht das Trauma, welches tief in einer Person verborgen sitzt und aufgelöst werden möchte.

In der Arbeit mit der Akasha Chronik geht es vielmehr darum, wer diese Person wirklich ist, welche Wahrheit nun ans Licht kommen möchte, welches Thema wirklich hinter den aktuellen Emotionen steckt, welche Stellschraube gedreht werden muss, damit das Lebensrad wieder ohne Probleme laufen kann, oder was aufgelöst werden muss, damit das innere Feuer entfacht werden kann. Solche Informationen findet man in der Akasha Chronik, aber nicht im Internet.

Aber sprechen wir lieber vom eigentlichen manipulativen Fall, und zwar von den Menschen, die anderen sagen, was sie hören wollen, und nicht, was sie an Botschaften aus der Akasha

Chronik erhalten. Es gibt auch sicherlich das ein oder andere (vermeintliche) Medium, das überhaupt gar nicht mit der geistigen Welt zusammenarbeitet, sondern einfach auf diesen spirituellen Zug aufgesprungen ist, weil es gerade „trendy“ ist. Solche Menschen sind allerdings schnell entlarvt, gerade in der heutigen Zeit von Social Media. Vertraue hier am besten auf dein Gefühl oder vertraue auf die Weiterempfehlung anderer Menschen.

Du darfst dich natürlich auch nicht selbst belügen! Manchmal werden dich über die Akasha Chronik Botschaften erreichen, die du vielleicht nicht gerne hören möchtest. Wenn du zum Beispiel gerade Geldprobleme hast und du aus der Akasha Chronik die Botschaft erhältst, dass du dich mit deinen Schulden auseinandersetzen musst sowie deine Ausgaben in den Griff bekommen sollst und du auf diese Aufgabe keine Lust hast, dann darfst du dir keine Veränderungen in deinem Leben erhoffen. Wir Menschen neigen dazu, Probleme zu verharmlosen, wenn die Lösung des Problems mit einer gewissen Anstrengung verbunden ist. So manipulierst du dich selbst, obwohl dich die Akasha Chronik versucht, auf den richtigen Weg zu lotsen.

Der Placebo Effekt

Mithilfe der Akasha Chronik kann man körperliche und emotionale Veränderungen erzielen. Durch das Auflösen von Glaubenssätzen und das Integrieren von neuen, förderlichen Emotionen kann ein Mensch kraftvoll und mit leichterem Gepäck weiter voranschreiten. Skeptiker:innen könnten behaupten (ich spreche hier natürlich nicht aus Erfahrung – „Ironie aus“), dass allein die Nennung eines neuen Glaubenssatzes dazu führen könne, dass sich ein Mensch besser fühle.

Allerdings ist ein Placebo-Effekt durch die Kraft der eigenen Gedanken zu erklären. Denn wenn du ein Placebo-Medikament bekommst und dadurch die Krankheit geheilt wird, hast du die Krankheit selbst geheilt – Kraft deiner Gedanken. Du hast also durch deine Gedanken die Energie der Krankheit so verändert, dass sie nun nicht mehr existiert. Ich frage mich also: Worin besteht der Unterschied zwischen einem Placebo-Effekt und der Arbeit mit der Akasha Chronik? Vielmehr glaube ich, dass viele noch nicht verstanden haben, was hinter einem Placebo wirklich steckt.

Über die Akasha Chronik kann man übrigens ganz wunderbar mit körperlichen Beschwerden sowie Krankheiten arbeiten. Hierauf gehen wir in einem späteren Kapitel noch sehr ausführlich ein. Doch egal wie tief wir auf körperlicher Ebene energetisch arbeiten, hängt es immer von einem Menschen selbst ab, ob er geheilt werden kann. Der Wille eines Menschen und der Glaube, dass Heilung wirklich geschehen kann, wirkt viel kraftvoller als jede Änderung, die über die Akasha Chronik bewirkt werden kann. Auf der anderen Seite kann kein Mensch geheilt werden, der nicht geheilt werden will. Ich persönlich heile auch nicht, niemals, denn ich bin kein Arzt oder Spezialist mit ärztlichem Hintergrund, allerdings aber angehende Heilpraktikerin für Psychotherapie. Trotzdem würde ich niemals ein Heilversprechen geben, diese sind zudem in Deutschland verboten. Da ich also kein Arzt bin, kann ich auch keinen Placebo Effekt bewirken. So einfach ist das.

Abschließend zu den Vorurteilen möchte ich dir noch mitgeben, dass du immer selbst entscheidest, an was du glaubst und an was nicht. Du selbst setzt deine eigenen Grenzen, niemand anderes kann dir seine aufzwingen, außer du erlaubst es.

4

Verbinde dich mit deiner Akasha Chronik

Im weiteren Verlauf dieses Buches möchte ich dich nun konkret in die Anfänge der Arbeit mit der Akasha Chronik einführen und dich mit ein paar Übungen unterstützen, deine eigene Akasha Chronik für dich erfahren zu können. Du wirst die Verbindung zur Akasha Chronik über ein heiliges Gebet kennenlernen, welches ich ausschließlich an meine Schüler:innen der Akasha Chronik Ausbildung weitergebe. Dieses Gebet kommt aus meiner Akasha Chronik und existiert so nirgendwo anders. Wenn du also im Internet nach alternativen Zugängen suchst, wirst du schnell fündig werden und mit verschiedenen Ansätzen in Berührung kommen. Denn es gibt keinen allgemeingültigen Ansatz. In meinen Augen sind wir sowieso immer und zu jeder Zeit verbunden. Doch dieser aktive Verbindungsaufbau spielt eine zentrale Rolle für deinen Verstand. Durch das Sprechen eines Gebetes ist dein Verstand mit den Worten beschäftigt, während dein Geist die Tür zur Akasha Chronik öffnet. Vertraut dir dein Verstand irgendwann und lässt dich bei deinen Gesprächen mit deiner Chronik in Frieden, kannst du den Verbindungsaufbau immer mehr abwandeln.

Meine Schüler:innen lernen mit der Zeit auch, sich über eine kurze Meditation zu verbinden. Bei mir reicht oft mittlerweile der Gedanke aus und meine Akasha Chronik öffnet sich für mich. Wenn ich in einer anderen Chronik lesen möchte, nehme ich mir vorher immer noch ausreichend Zeit, um mich zu erden und mich mit unserer Quelle zu verbinden. Ist mein:e Klient:in dann anwesend, bitte ich offiziell um Erlaubnis und öffne erst dann die andere Chronik. Das hat für mich etwas mit Respekt vor dem Menschen zu tun, der mir sein Vertrauen schenkt. Du merkst also schon jetzt, allein in diesem Buch, kommst du mit verschiedenen Arten in Berührung, wie du die Akasha Chronik öffnen kannst.

Die Akasha Chronik zu öffnen und am Ende wieder zu schließen, ist nicht nur allein für den Verstand wichtig, sondern bietet dir einen gewissen Schutz im Sinne von Ruhepausen im Alltag. Ich vergleiche die Verbindung zur Akasha Chronik gerne mit einem Telefonanruf in die geistige Welt, nur das hier alle Sinne aktiviert werden. Quasi Facetime für Hexen. Wie du weißt, funktioniert ein Telefon immer in beide Richtungen. Das bedeutet, wenn du den Hörer nicht aktiv aufnimmst und wieder ablegst, bist du rund um die Uhr erreichbar. Dein geistiges Team wird dich sowieso 24/7 kontaktieren, doch über die Akasha Chronik können auch andere Wesen wie beispielsweise deine gesamte Ahnenlinie, die möglicherweise aus tausenden von Wesen besteht, Kontakt zu dir aufnehmen. Es könnte also sein, dass du rund um die Uhr unbewusst beschallt wirst. Willst du das? Nö! Also mache ich dich nun erst mal mit meinen Grundprinzipien vertraut, bevor du das heilige Gebet kennenlernst.

Die Grundprinzipien als Empfehlung

1. Bevor du dich mit deiner Akasha Chronik verbindest, **nimm dir ausreichend Zeit, um innerlich zur Ruhe zu kommen und dein Gedankenchaos zu ordnen.** Denn je ruhiger und entspannter du bist, desto klarer wird auch die Verbindung zur Akasha Chronik sein.

2. Bitte verbinde dich niemals mit der Akasha Chronik, wenn du es dir nicht erlauben kannst, abgelenkt zu sein. Also z.B. beim Autofahren oder wenn dein Kind gerade klettert. Du wirst in manchen Sitzungen so gebannt sein, dass du deine Umgebung völlig vergessen wirst. **Suche dir also ein passendes Zeitfenster, einen ungestörten Platz und schaffe alle Ablenkung in dieser Zeit aus deiner Umgebung, sodass du dich voll und ganz darauf einlassen kannst.**

3. **Habe was zu schreiben parat und notiere die Antworten aus deiner Chronik direkt, wenn du sie erhältst.** Dein Gehirn wird niemals alle Informationen behalten können, denn dafür ist es nicht gemacht. Je länger du im Anschluss also die Botschaften filterst und reflektierst, desto mehr wird dein Gehirn diese verfälschen. Trickse diesen Mechanismus also bewusst aus, indem du die Botschaften direkt auf Papier fließen lässt.

4. **Lasse deine Augen auch gerne geöffnet, wenn du dich mit deiner Akasha Chronik verbindest, denn die Verbindung geschieht aus vollem Bewusstsein.** Du kannst also getrost alles mitschreiben, ohne Angst zu haben, die Verbindung zu verlieren. **Suche dir gerne einen Fixpunkt an der Wand. Dort können sich dann auch die Botschaften über dein Hellsehen wie auf einer Leinwand zeigen.** Fühlst du dich wohler mit geschlossenen Augen und nimmst du die Botschaften dann besser wahr, ist das natürlich auch vollkommen in Ordnung.

5. **Das Öffnen und Schließen der Akasha Chronik ist das A & O,** für dich zum Schutz und aus Respekt der geistigen Welt gegenüber. **Zum Öffnen nutze gern das heilige Gebet auf den kommenden Seiten. Wenn du deine Akasha Chronik am Ende einer Sitzung schließt, dann bedanke dich für alle Informationen, Impulse sowie Botschaften** und stelle dir vor, wie eine Tür ins Schloss fällt. Auch ein wichtiges Zeichen für deinen Verstand, dass du den Hörer nun aufgelegt hast.

6. **Zweifle die Botschaften der Akasha Chronik nicht an**, auch wenn du sie im ersten Moment nicht verstehen oder deuten kannst. Alle Worte, Bilder oder Empfindungen aus deiner Akasha Chronik sind bedingungslos ehrlich, wahr und weise. Es gibt keinen Grund, diese anzuzweifeln. **Urteile auch nicht über Botschaften**, die du vielleicht nicht erwartet hast, nicht hören wolltest oder deine aktuelle Fragestellung im Leben eher schwieriger als einfacher macht. Wisse, dass deine Akasha Chronik immer nur dein Bestes will, auch wenn es sich im ersten Moment nicht danach anfühlt.

7. **Die Akasha Chronik schwingt auf der Frequenz reiner, bedingungsloser Liebe** und wird dich zu jeder Zeit in dieser Frequenz empfangen. **Sei respektvoll und verbinde dich ebenfalls aus der Intention tiefer Dankbarkeit, Wertschätzung und Liebe heraus.** Wisse auch, dass Liebe die höchste und stärkste Kraft ist, sodass dir innerhalb der Akasha Chronik niemals etwas passieren kann.

8. **Gehe mit dieser Arbeit niemals leichtfertig um**, denn du kannst tiefe Veränderungen bewirken, die die Macht haben, ein Leben grundlegend zu verändern. Sei dir über deinen gesunden Menschenverstand bewusst, verändere nichts leichtfertig oder aus dem Ego heraus.

9. Du kannst über die Akasha Chronik rein gar nichts falsch machen, **wenn du lernst, den Botschaften und Anweisungen deiner Hüter sowie Meister zu vertrauen. Lerne, dich führen zu lassen, damit du die ganze Magie der Akasha Chronik wahrhaftig erfahren kannst.** Je mehr du versuchst, die Kontrolle zu behalten, desto aktiver ist dein Verstand sowie dein Ego und desto mehr stehst du dir selbst im Weg.

10. **Nicht jede Sitzung ist perfekt.** Du bist ein zyklisches Wesen, hast mal gute und mal schlechte Tage, bist mal gesund und mal krank, hast mal einen ruhigen und mal einen stressigen Alltag. Wenn du also mal keine klare Verbindung herstellen kannst, weil dein System überfordert ist, dann gönn dir lieber Ruhe und versuch es am nächsten Tag wieder. Verurteile dich nicht, das passiert auch der besten Hexe.

11. **Du wirst die Akasha Chronik in deinem Tempo, mit deinen Sinnen und deinen Gaben kennen und lieben lernen.** Versuche dich so wenig wie möglich, am besten gar nicht, mit anderen Akasha Chronik Medien oder Hexen zu vergleichen. Dich überhaupt mit einem anderen Menschen zu vergleichen, ist so, als würdest du in den Zoo gehen, dich vor das Giraffen-Gehege stellen und laut brüllen „Oh guck mal, Schmetterlinge!“ Es macht absolut keinen Sinn, also lasse es einfach von Beginn an.

Verbindung über ein heiliges Gebet

Bevor du dich nun über ein heiliges Gebet zum ersten Mal mit deiner Akasha Chronik verbindest, ist es wichtig, **deine Gedanken sowie deinen Geist zur Ruhe zu bringen**. Nimm dir Zeit für ein paar tiefe Atemzüge, konzentriere dich dabei ganz auf das Ein- und Ausatmen, spüre, wie dein Herzschlag immer ruhiger wird und auch dein Geist zur Ruhe kommt. Du kannst dich im Sitzen, Stehen oder Liegen mit deiner Akasha Chronik verbinden. Probiere es am Anfang gerne mit dem bewussten Kontakt deiner Fußsohlen zum Boden, um dir eine gewisse Erdung sowie Sicherheit zu schenken. Stell dir auch gerne vor, wie sich deine Füße durch Wurzeln mit Mutter Erde verbinden. Konzentriere dich anschließend wieder auf dein Herz und stelle dir bewusst vor, wie sich dein Herzraum für die Wahrheiten der Akasha Chronik öffnet.

Es ist in Ordnung, am Anfang aufgeregt zu sein. Doch je ruhiger du bist, desto klarer wird die Verbindung sein. Durch die bewusste Verbindung mit deinem Herzen verbindest du dich außerdem mit deiner Seele, die dich bei deinen Akasha Chronik-Reisen stets unterstützen und auch leiten wird. Ich lege gerne beide Hände auf mein Herz und stelle mir vor, wie sich feine Fäden von meinen Händen zu meinem Herzen bilden. Diese Fäden öffnen eine Tür auf meinem Herzen, durch die ich trete, um in meinem Herzraum auf meine Seele zu treffen. Bin ich dort angekommen, sind mein Geist und mein Verstand meistens schon im Ruhemodus.

Sprich das Gebet zum Öffnen der Akasha Chronik dreimal. Ich empfehle dir am Anfang, das Gebet laut auszusprechen, denn so beschäftigst du deinen Verstand am besten, ohne dass er abschweifen kann. Mit der Zeit reicht es, das Gebet einmal laut und zweimal leise zu sagen. Vielleicht hast du auch irgendwann das Gefühl, dass es ausreichen wird, das heilige Gebet nur einmal aufzusagen, um verbunden zu sein. Dann ist das auch total in Ordnung. Vertraue hier ganz auf deine Intuition.

Über dieses Gebet stellst du eine aktive Verbindung zu deiner Akasha Chronik her. (Vergiss nicht, deine Akasha Chronik zu schließen, wenn du deine eigene Sitzung beendet hast.)

Liebes Universum,
ich öffne nun mein Herz, meinen Geist
und meine Seele für alle Botschaften,
die jetzt und hier zu mir fließen möchten.
Ich öffne mich für meine Meister, meine Hüter
und meine Ahnen, durch die die Botschaften
aus der Akasha Chronik überbracht werden.
Ich öffne mich wahrhaftig und erbitte
den Zugang zu meiner Akasha Chronik.

Danke Danke Danke. **(3 x)**

Stelle dir nach deiner Verbindung ruhig vor, wie eine Tür ins Schloss fällt, wie ein Vorhang geschlossen wird oder wie eine Schranke zufällt. Bedanke dich auch unbedingt für alles, was du sehen, erfahren oder wahrnehmen durftest. Das zeugt von Liebe und Respekt, worüber sich deine Chronik unfassbar freuen wird! Wenn du magst, dann kannst du dir auch vorstellen, wie du einen Telefonhörer in die Hand nimmst, das Gebet zur Öffnung sprichst, anschließend mit deiner Akasha Chronik arbeitest sowie kommunizierst, und wenn du fertig bist, legst du den Hörer liebevoll und mit einem Danke aus deinem Herzen wieder auf.

Lerne deine Akasha Chronik kennen

Gehe an deine ersten Sitzungen ganz ohne Erwartungen heran. Bleibe offen für deine Wahrnehmungen, deine Empfindungen sowie die ersten Botschaften, die du empfangen darfst. Sobald du das Gebet gesprochen hast, bist du mit deiner Akasha Chronik verbunden. Nimmst du gleich bei deiner ersten Verbindung die buntesten Bilder wahr, dann ist das ganz wunderbar und magisch!

Tust du dich anfangs schwer, dann gib bitte nicht auf und bleibe weiter dran. Hinter Anfangsschwierigkeiten können oft Ängste oder tiefe Erfahrungen aus früheren Inkarnationen oder deine Kindheit stecken. Hole dir auch gern ein erfahrenes Medium an deine Seite oder besuche eine Ausbildung. Hier wirst du individuell betreut sowie aufgefangen, damit du dich in der Arbeit mit der Akasha Chronik fallen lassen kannst und dich schnell sicher fühlst. Bevor du dann so richtig in all die Magie der Akasha Chronik einsteigst, nimm dir wirklich in aller Ruhe Zeit, deine Akasha Chronik zu erkunden.

Wie sieht deine Akasha Chronik aus?

Deine Akasha Chronik kann sich auf ganz unterschiedliche Art und Weise zeigen, sowie sie sich mit der Zeit auch immer wieder verändern kann. Das Aussehen hat zum einen etwas damit zu tun, wie du dich am wohlsten fühlst, es kann aber auch ein Hinweis auf ein aktuelles Thema sein. Bevor du deine Akasha Chronik betrittst, kann es vorkommen, dass du durch ein Tor oder eine Tür hindurchgehen darfst. Manchmal öffnen diese sogar deine Hüter, um dich willkommen zu heißen. Diese Tür ist niemals für dich verschlossen. Ich empfehle dir, deinen Prozess von Beginn an zu dokumentieren. Wir vergessen nämlich viel zu schnell, vor allem kleine, aber wichtige Details. Blickst du dann nämlich in einigen Monaten auf deine Anfänge zurück, wie deine Akasha Chronik beim ersten, dritten und zehnten Mal aussah, kannst du auch die kleinen Details wieder in deinen Erinnerungen projizieren.

Möchtest du in anderen Chroniken lesen, brauchst du allerdings immer eine Einwilligung, die andere Akasha Chronik öffnen zu können, sonst kann es durchaus vorkommen, dass die Tür für dich verschlossen bleibt. Das hat etwas mit dem freien Willen des Menschen zu tun, den du über die Akasha Chronik nicht umgehen kannst. Möchtest du zum Beispiel wissen, warum dein:e Partner:in immer wieder einen Streit anfängt, obwohl es keinen Grund dafür gibt, kannst du nicht einfach die Akasha Chronik deiner Partnerin/deines Partners öffnen. Die Akasha Chronik schützt ihre Schützlinge! Erst, wenn du die mündliche, schriftliche oder gedankliche Einwilligung bekommst, darfst du eine andere Akasha Chronik öffnen.

Achte auch auf dein Gefühl, wenn du mit deiner Akasha Chronik verbunden bist. Vielleicht wirst du tiefe innerliche Ruhe spüren, selbst wenn du bei den ersten Malen sehr nervös oder aufgeregt bist. Vielleicht wirst du Wärme, ein Kribbeln auf der Haut oder auf deinem Kopf wahrnehmen, vielleicht wird dir auf gute Art etwas schwindelig oder du fühlst dich einfach nur geborgen, angekommen und behütet. Für mich fühlt sich die Verbindung zur Akasha Chronik immer wie „nach Hause kommen“ an.

Wer sind deine Hüter und Meister?

In der Akasha Chronik wirst du immer wieder auf verschiedene Wesen treffen. Deine ersten Begegnungen können total magisch und außergewöhnlich sein. Es werden deine ganz persönlichen Hüter der Akasha Chronik auf dich warten, die dir vielleicht dein Tor öffnen, dich vor allem aber bei deinen Fragen, Emotionen oder aktuellen Lebensthemen unterstützen. Zu deiner Chronik gehören auch die Meister der Akasha Chronik, die sich nach meiner Erfahrung eher im Hintergrund halten und für die fortlaufenden Aufzeichnungen verantwortlich sind. Wenn sich meine Meister einmal innerhalb einer Sitzung zeigen, wird häufig ein sehr tiefes oder wichtiges Thema behandelt und sie unterstützen dann zusätzlich den Prozess. Ansonsten begegne ich eher meinen Ahnen oder meinem Geistführer während einer Sitzung.

Es kann sein, dass du deine Hüter, dein geistiges Team oder andere Wesen als Lichtfiguren wahrnimmst. Es kann aber auch sein, dass sie dir in menschlicher, mystischer oder fantasievoller Gestalt begegnen. Vergiss bitte nicht: Hältst du etwas für unmöglich, ist es dein Verstand und es hat nichts mit der Akasha Chronik zu tun. Frage die Wesen in deiner Akasha Chronik gerne nach ihren Namen, Aufgaben oder nach konkreten Botschaften für dich. Lerne, die Worte der Wesen von deinen eigenen Gedanken zu unterscheiden, und vertraue darauf, egal wie du mit diesen Botschaften anfangs verfährst. Die Akasha Chronik ist die Quelle von tiefem Wissen, Wahrheit und Weisheit. Du kannst den Botschaften also stets Vertrauen schenken.

Ganz besonders möchte ich dir folgenden Tipp für deine ersten Gespräche mit deiner Akasha Chronik mitgeben: *Nimm den Druck raus und genieße es!* Denn je mehr du dich stresst oder von dir selbst erwartest, desto mehr stehst du dir und deiner Akasha Chronik im Weg. Schüttle dich einmal ordentlich, tanze so, als würde dich niemand beobachten, lege deine Alltagsgedanken für einen Moment beiseite und dann verbinde dich zum ersten Mal vollkommen frei sowie losgelöst mit deiner Akasha Chronik.

Wer nicht fragt, will's nicht wissen

Je mehr und länger du mit der Akasha Chronik arbeitest, kommunizierst oder einfach nur zuhörst, desto mehr wirst du Folgendes feststellen: Deine Akasha Chronik liebt es, dich bei deinen Themen und dem Weg deiner Inkarnation zu unterstützen! Doch sie wird dir niemals das eigenverantwortliche Handeln abnehmen und dir die Antworten, die du suchst, auf dem Silbertablett servieren. **Du darfst also unbedingt lernen, die richtigen Fragen an deine Akasha Chronik zu stellen**, und du solltest erst dann aufhören zu fragen, wenn du keine Antworten mehr erhältst.

Denn deine Akasha Chronik wird dich auch manchmal auf die Probe stellen, ob du wirklich schon bereit bist, die Antwort auf deine Frage zu hören. Du hast beispielweise eine Frage zu deinem beruflichen Weg an deine Akasha Chronik, weil du aktuell sehr unglücklich in deiner Anstellung bist. Für dich ist in dieser Inkarnation auch so viel mehr geplant, als dein Leben in einer 35 Stunden-Woche zu verbringen und einen Job auszuüben, den du aus tiefster Seele hasst. Nun stellst du die Frage, ob du beruflich auf dem richtigen Weg bist, und erhältst die Antwort: „Nein“. Fragst du nun nicht weiter, geht deine Akasha Chronik davon aus, dass du die Antwort schlichtweg nicht wissen willst, weil du aktuell nicht dazu bereit bist, eine Veränderung zu wagen. Es wird also sehr wahrscheinlich keine weitere Erläuterung folgen. Fragst du hingegen nun, was beruflich für dich das Richtige wäre, bekommst du auch die nächsten Schritte gezeigt, die nun anstehen (und wenn du schon bereit bist, vielleicht auch das nächste berufliche große Ziel).

Du wirst niemals Antworten bekommen, die dich komplett überfordern würden, allerdings öfter als dir lieb ist, Antworten, die dich herausfordern werden. Würde es dich zum aktuellen Moment sehr überfordern zu erfahren, dass du bitte nach Bali auswanderst, um dort Yoga-Lehrerin zu werden, wirst du diese Antwort noch nicht erhalten. Es kann aber zum Beispiel sein, dass dir deine Akasha Chronik nahelegt, eine Yoga-Ausbildung zu absolvieren, deine eigenen Kurse zu geben oder möglicherweise ein eigenes Yoga-Studio zu eröffnen. Diese kleinen Schritte werden dich langfristig an das große Ziel Bali heranführen, dich im gegenwärtigen Moment möglicherweise aber noch etwas herausfordern, jedoch nicht überfordern, sodass du handlungsunfähig wirst. Doch die Antworten erfährst du nur, wenn du aktiv danach fragst!

Stelle auch möglichst offene Fragen, damit du den Raum für eine facettenreiche und tiefgreifende Antwort öffnest. Die Sesamstraße hat uns die richtigen Fragen schon früh gelehrt!

Beginnst du deine Fragen mit folgenden W-Worten: wer, wie, was, wieso, weshalb, warum, dann stellst du eine offene Frage. Sind auf deine Fragen jedoch nur Ja/Nein-Antworten möglich, ist deine Frage geschlossen, und du wirst sehr wahrscheinlich auch nur eine geschlossene Antwort erhalten. Lege dir also nicht selbst Steine in den Weg, sondern versuche von Beginn an, möglichst offene Fragen zu stellen, um möglichst vielfältige Antworten zu erhalten. Doch probiere dich vor allem aus und du wirst selbst erfahren, wie die Antworten aus der Akasha Chronik anhand deiner Fragen und Intentionen zu dir fließen werden.

5

Leichtigkeit in dieser Inkarnation erzielen

In der Arbeit mit der Akasha Chronik geht es für mich in erster Linie darum, die Gegenwart zu betrachten. Es geht darum, tiefe Emotionen aufzulösen, die uns im Alltag begegnen und das Miteinander mit anderen Menschen erschweren. Es geht darum, Glaubenssätze aus unserem Unterbewusstsein zu verbannen, damit wir endlich das Leben beginnen, das uns zusteht. Es geht darum, uns nicht länger nach Ansichten sowie Meinungen anderer zu richten, nach den Regeln der Gesellschaft zu leben oder uns von der Vergangenheit weiter festhalten zu lassen. Die Akasha Chronik ist für mich an erster Stelle eine grandiose Unterstützung in der persönlichen Weiterentwicklung.

Natürlich können und müssen wir teilweise auch einen Blick in die Vergangenheit werfen, denn dort sind so gut wie alle Blockaden entstanden, die uns heute noch im Weg stehen. Es macht für mich also genau dann Sinn, eine Reise in die Vergangenheit zu starten, wenn dort Erinnerungen oder Erfahrungen betrachtet werden wollen, um uns heute freier und leichter zu fühlen. Es macht für mich keinen Sinn, die Vergangenheit ohne konkreten Grund aufzuwühlen, denn der Alltag ist manchmal schon herausfordernd genug. Lösen wir also wichtige Schlüsselereignisse der Vergangenheit, können wir uns in der Gegenwart immer mehr entfalten, transformieren und über uns hinauswachsen. Auf dieser Grundlage verändert sich dann wiederum unsere Zukunft. Wie du dir über die Akasha Chronik auch deine Zukunft anschauen kannst und warum sich ein Blick in die Zukunft nur bedingt lohnt, erfährst du am Ende dieses Kapitels.

Die Sache mit den Glaubenssätzen

Über den Begriff *Glaubenssätze* bist du hier nun schon öfter gestolpert. Falls dir die Bedeutung noch nicht ganz geläufig ist und du den Hintergrund bis hierhin auch noch nicht gegoogelt hast, möchte ich dich gerne aufklären. Hast du dich mit dem Thema von Glaubenssätzen schon auseinandergesetzt, dann ist das hier einfach eine kleine Wiederholung.

Glaubenssätze sind Programme unseres Unterbewusstseins. Stell dir dein Unterbewusstsein wie eine Festplatte eines Computers vor. Bevor du diesen Computer gekauft hast, wurden schon gewisse Grundprogramme auf diese Festplatte geladen, damit dein neuer Computer grundlegend funktioniert, wenn du ihn zu Beginn deiner Inkarnation anschaltest. Ob du diese dann gut oder schlecht findest, wirst du mit der Zeit schon herausfinden. Diese Festplatte läuft bei Nutzung des Computers zu jeder Zeit im Hintergrund, ohne dass du diesen Automatismus steuern kannst. Doch auch wenn du deine Festplatte nicht steuern kannst, ist sie notwendig, damit dein Computer reibungslos funktioniert. Im Laufe der Benutzung werden immer mehr Programme auf deine Festplatte geladen, damit dein Computer mit jeder Veränderung und jedem neuen Programm vielfältigere Funktionsweisen kennenlernt. Vielleicht lädst du dir ja mal ein Programm aus dem Internet herunter und ganz ohne Absicht hast du plötzlich einen Virus auf deiner Festplatte, der die weitere Nutzung verhindert. Du suchst nach dem Übeltäter, bereinigst das Problem, löscht ein paar Programme deiner Festplatte und danach funktioniert alles wieder viel besser als vorher. Der Computer steht selbstverständlich symbolisch für dich und deinen Körper, die Festplatte symbolisiert dein Unterbewusstsein.

Dein Unterbewusstsein steuert 95 % von dem, was du täglich denkst, sagst und wie du handelst. Lediglich auf 5 % kannst du bewusst zugreifen sowie bewusst steuern. Das ist nicht viel, oder? Deshalb ist es umso wichtiger, dass wir uns regelmäßig die Programme auf unserer Festplatte anschauen, unnötige Programme löschen und neue förderliche Programme herunterladen. Mit der Akasha Chronik geht das schnell, nachhaltig und sehr tiefgreifend, um schon mal vorwegzugreifen.

Aber erst mal möchte ich dir erzählen, wie diese Glaubenssätze überhaupt entstehen können.

1. **Deine Seele kann Glaubenssätze aus früheren Leben mit in diese Inkarnation bringen.**
   Wenn du also einmal ein Landarbeiter warst, der Tag und Nacht für seine Familie schuftete, kann es sein, dass sich durch diese Erfahrung der Glaubenssatz: „Für Geld muss man hart arbeiten“ gebildet hat.

2. **Deine Ahnen können dir Glaubenssätze über dein Erbgut, also deine Zellen, durch die Geburt übertragen.**
   Wenn die Frauen deiner Familie immer zuhause geblieben sind, den Haushalt schmissen und sich um die Kinder kümmerten, kann es sein, dass auch du den Glaubenssatz: „Ich bin für einen sauberen Haushalt verantwortlich“ in dir trägst.

3. **In deiner Kindheit nimmst du deine Umwelt unbewusst auf. So speichern sich verschiedene Ansichten, Meinungen und Erfahrungen direkt in deinem Unterbewusstsein ab.**
   Wenn in deiner Kindheit oft Versprechen seitens deiner Eltern dir gegenüber gebrochen wurden, ohne dass man dir eine entsprechende Erklärung geliefert hat, kann es sein, dass sich dadurch der Glaubenssatz: „Meine Bedürfnisse sind es nicht wert, gesehen zu werden“ gebildet hat.

4. **Durch das Beobachten, Aufnehmen sowie Integrieren deiner Umwelt übernimmt dein Unterbewusstsein die Ansichten des Kollektivs.**
   Wenn du dir jeden Tag die Zeitung durchliest und jeden Tag einen anderen Artikel über schlimme Ereignisse in dieser Welt liest, kann sich dadurch der Glaubenssatz: „Auf der Erde zu leben ist schrecklich/gefährlich“ bilden.

Je mehr hinderliche, negative oder blockierende Glaubenssätze wir in uns tragen, desto stärker leben wir ein fremdbestimmtes Leben, dass gar nicht unseren Vorstellungen entspricht. Vielleicht fragst du dich jetzt, warum wir diese Programme dann überhaupt ins uns tragen? Tja, das wüsste ich auch gern. Daher habe ich meine eigene Akasha Chronik dazu befragt und folgende Antwort erhalten:

Eine Botschaft meiner Akasha Chronik zum Thema GLAUBENSSÄTZE:

„JEDE INKARNATION IST EINE CHANCE ZU WACHSEN, neue Tugenden zu erlangen und sich von den Fesseln der Vergangenheit zu befreien. Es liegt bei jeder Seele selbst, ob sie diese Chance ergreift oder ob sie sich neue Fesseln auferlegt. In den letzten Jahrzehnten hat sich das Kollektiv gegen die Spiritualität gewendet und sich religiösen Versprechungen hingegeben. Doch jetzt ist eine Zeit des Erwachens angebrochen. Immer mehr Seelen schaffen es, sich trotz des Verstandes und des Egos eines Menschen an ihre wahre Aufgabe zu erinnern. Deshalb ist jetzt auch eine Zeit angebrochen, um die Vergangenheit zu betrachten und eine neue Welt zu erschaffen."

Ich weiß, diese Erklärung könnte etwas zufriedenstellender sein. Aber manchmal muss man nehmen, was man bekommt. Doch woher weißt du, dass du gerade mit negativen, hinderlichen oder blockierenden Glaubenssätzen konfrontiert wirst? Diese Antwort ist wesentlich leichter: anhand deiner Emotionen.

Immer wenn Emotionen im Spiel sind, vor allem schwere oder negative, verstecken sich dahinter Glaubenssätze. Wenn wir Freude, Liebe, Hingabe, Leidenschaft oder andere antreibende sowie positive Gefühle spüren, dann sind es natürlich gute Glaubenssätze, die wir auch gerne behalten dürfen! Es sind eher Gefühle wie Wut, Neid, Eifersucht, Angst oder Panik, die wir ergründen dürfen. Denn genau diese Emotionen lassen uns wie auf Autopiloten handeln, ohne dass wir unser Handeln groß kontrollieren können. Im Nachhinein holt uns dann Schuld, Scham und Reue ein, denn eigentlich sind wir doch ganz anders! Bitte fühle dich auch niemals schlecht, wenn du emotional bist, denn es macht dich einfach menschlich. Du solltest deine Emotionen allerdings auch nicht als Ausrede verwenden, um ein unschönes Verhalten zu rechtfertigen. So ist es zum Beispiel absolut in Ordnung, wütend zu sein, wenn dir ein Autofahrer die Vorfahrt nimmt und dabei fast ein Unfall verursacht wird. Weniger gut ist es, aus dem Auto auszusteigen und vor lauter Wut die Fensterscheibe des Fahrers einzuschlagen. Wirst du allerdings ständig wütend, wenn nur eine Kleinigkeit beim Autofahren schiefläuft, könnte ein Muster dahinterliegen, dass du dir einmal über die Akasha Chronik anschauen darfst. Stößt du dann auf konkrete Glaubenssätze, die dieses Muster immer wieder in dir hervorrufen, kannst du diese Sätze entfernen, durch neue ersetzen und somit dein System umprogrammieren. Denn was wir nicht wollen, ist, in einer endlosen Schleife von immer wiederkehrenden Mustern gefangen zu sein. Klingt easy? Ist es auch.

Zum Thema Emotionen darfst du noch wissen, dass es vier Grundemotionen des Menschen gibt, die wir nicht grundlegend wegrationalisieren können. Hierzu zählen: **Freude, Liebe, Angst und Trauer**. Denn diese Emotionen machen uns menschlich, erlauben uns, wichtige menschliche Erfahrungen zu machen, und helfen uns, das Leben hier auf der Erde auf beste Weise zu leben. Liebe und Freude wollen wir ja sowieso zu jeder Zeit in unserem Leben spüren. Doch auch Angst ist wichtig, damit wir uns nicht waghalsig in jedes Abenteuer stürzen, sondern vorher überlegen, ob es das Abenteuer auch wert ist, den eigenen Hals zu riskieren. Ebenso macht uns Trauer zu einem mitfühlenden, empathischen Wesen, was das Miteinander mit Anderen überhaupt ermöglicht. Jedoch ist es nicht förderlich, Angst vor Fahrradfahrern zu haben und deshalb nicht mehr die Wohnung zu verlassen. Ebenso ist es eher kontraproduktiv, vor Trauer um den Goldfisch das Leben nicht mehr meistern zu können. Diese Formen der Angst und Trauer können wir sehr wohl auflösen und sollten wir auch. Denn es sind genau die Blockaden, die uns bei unserer eigenen Transformation eher hindern als fördern.

Meine Akasha Chronik hatte zum Thema EMOTIONEN noch folgenden weisen Rat auf Lager:

„**EMOTIONEN ERMÖGLICHEN DAS MITEINANDER der Menschen** und aller Lebewesen. Emotionen verhindern aber auch das Miteinander der Menschen und aller Lebewesen. Emotionen sind also immer Warnsignale. Signale, ob etwas gerade gut oder schlecht für einen ist. Signale, dass die Vergangenheit losgelassen werden muss, um die Zukunft überhaupt sehen zu können. Signale, die richtungsweisend für den eigenen Weg sind. Emotionen sollen wachrütteln und gleichzeitig Sicherheit schenken. Emotionen sind wichtig. Spür sie in all deinen Zellen und frage dich, was hier die Botschaft für dich ist."

Einen letzten wichtigen Punkt beim Arbeiten mit Glaubenssätzen und Emotionen möchte ich dir nicht vorenthalten. Einen Glaubenssatz aufzulösen ist wie Kuchenessen. In wie vielen Stücken du diesen Kuchen essen kannst, weißt du vorher noch nicht. Denn ein Glaubenssatz kann sich in den unterschiedlichsten Situationen bilden und darf dann auch in allen Situationen bearbeitet werden, damit er wahrhaftig unser System verlassen kann. Stößt du beispielsweise auf den Satz: „Ich bin wertlos" und löst diesen in einer Situation aus deiner Kindheit, dann ist das ganz wundervoll und kann auch der ganze Kuchen gewesen sein. In den meisten Fällen hast du jedoch beim ersten Stück begonnen und es liegen noch weitere vor dir. Möglicherweise hat deine Seele weitere Situationen in früheren Leben erlebt, in denen sie aus Schutz den Glaubenssatz bildete. Vielleicht haben dir auch deine Ahnen den Glaubenssatz mitgegeben, da sie es lange nicht besser wussten.

Und dann darfst du zu guter Letzt noch zwei Situationen während deiner Schulzeit und eine Situation mit einem/einer Expartner:in bearbeiten, damit der Kuchen endlich vollständig verschwunden ist. Stück für Stück zum Ziel. Ein bisschen mühsam, jedoch unheimlich wichtig und ein sehr lohnender Prozess!

Löse Glaubenssätze aus deinem System

Verbinde dich nun gerne durch das Gebet mit deiner Akasha Chronik, um ein immer wiederkehrendes Muster, eine blockierende Emotion oder ein Verhalten, das eigentlich nicht mit deinen aktuellen Werten übereinstimmt, zu ergründen. Frage nach dem negativen **Kernglaubenssatz** und löse ihn auf, indem du deine Akasha Chronik darum bittest. Es ist wichtig, dass du wirklich nach dem **Kernglaubenssatz** fragst und nicht nach irgendeinem, der im Prozess entstanden ist. Denn durch das Auflösen des Kerns löst du auch alle aufbauenden negativen Glaubenssätze. Du willst 10 Fliegen auf einmal fangen und nicht 10-mal von vorne beginnen. Gerne kannst du zum Lösen von Glaubenssätzen folgenden Wortlaut verwenden:

„Liebe Meister und Hüter meiner Akasha Chronik, bitte löst den Glaubensatz X aus meinem System und ersetzt ihn durch den neuen Glaubenssatz Y.

Danke, Danke, Danke."

Bevor du also einen negativen Glaubenssatz löst, frage deine Akasha Chronik nach einem neuen Glaubenssatz, durch den der alte ersetzt werden darf. Dieser Vorgang ist wichtig, damit die entstandene Lücke deines Systems wieder gefüllt werden kann. Denn immer, wenn du etwas anweist, das im System gelöst, beendet oder gelöscht wird, entsteht eine energetische (manchmal auch physische) Lücke. Damit das System aber weiterhin funktionieren kann, sogar viel besser als vorher, ist es wichtig, diese Lücke wieder zu füllen!

Warte dann kurz, bis der Vorgang abgeschlossen ist, und frage dann, ob dein System den neuen Glaubenssatz nicht nur integrieren, sondern auch übersetzen kann. Es kann durchaus sein, dass dein System nicht weiß, wie sich echte Liebe anfühlt, wenn du dieses Gefühl niemals vorher spüren durftest. Frage also abschließend noch nach Emotionen, die dein System braucht, um mit dem neuen Glaubenssatz wirklich arbeiten zu können. Ansonsten ist es nur ein lebloser neuer Platzhalter.

Während des Prozesses, kannst du über deine Hellsinne auch gerne beobachten, wie ein Glaubenssatz gelöst wird.

Für mich zeigt sich das häufig durch weiße oder goldene Partikel, die aus dem System herausfließen, wenn ein negativer Glaubenssatz oder eine schwere Emotion gelöst wird. Wenn ich dann darum bitte, dass ein neuer positiver Glaubenssatz nun bitte im System hinterlegt wird, sehe ich es auf die gleiche Weise, nur fließen dann die schimmernden Partikel in das System hinein. Oftmals sehe ich, wie diese Partikel durch das Kronenchakra in das System hineingleiten und sich dort an verschiedenen Punkten ansiedeln. Das äußert sich für mich aber bei jeder Person, jedem Glaubenssatz oder jeder Emotion ganz individuell.

Wenn das Hellsehen nun am Anfang bei dir noch nicht ganz so stark ausgeprägt ist, dann fühle, höre oder wisse einfach, dass ein Wechsel von Glaubenssätzen oder Emotionen stattfindet!

Ein konkretes Beispiel: Du stößt auf den Glaubenssatz: „Ich bin es nicht wert, gesehen zu werden." Als neuen Glaubenssatz erhältst du aus deiner Akasha Chronik den Satz: „Ich bin wertvoll und ich erkenne mich selbst für meine Einzigartigkeit." Du löst den alten und ersetzt ihn durch einen neuen Glaubenssatz. Doch dein System hat keine Ahnung, wie es sich anfühlt, wertvoll zu sein. Also lädst du noch das Gefühl „wie es sich anfühlt, wertvoll zu sein" auf deine Festplatte, damit dein neuer Glaubenssatz anfangen kann, sich in deinem System und somit in deinem Leben auszubreiten.

Du kannst beim Auflösen und Integrieren rein gar nichts falsch machen, wenn du auf die Impulse deiner Akasha Chronik vertraust. Verwende keine Glaubenssätze oder Emotionen, die deinem Ego schmeicheln, sondern die, die dich wirklich weiterbringen im Leben! Daher empfehle ich dir hier auch immer das einzusetzen, was dir deine Akasha Chronik gibt, denn sie handelt immer in bester und höchster Weise für dich.

Es kann durchaus vorkommen, dass dir ein bestimmter Glaubenssatz öfter auf die Füße fällt, selbst wenn du ihn schon mehrmals gelöscht und die Kernsituationen bearbeitet hast. Das liegt an einem einfachen Grund: Manche Glaubenssätze bilden sich in unterschiedlichen Situationen, die rein gar nichts miteinander zu tun haben, aber einen gleichen Kernglaubenssatz tragen. Wird dieser dann erkannt, gelöst und ausgetauscht, fällt das ganze Kartenhaus in sich zusammen, das sich auf diesem Kernglaubenssatz aufgebaut hat. Vielmehr beschreibe ich die Arbeit mit Glaubenssätzen gerne mit einem Kuchen. Manchmal verschlingst du den gesamten Kuchen auf einmal, wenn du einen Glaubenssatz aus dem System löst. Ja, und manchmal hat dieser Kuchen 16 Stücke und du darfst ein Stück nach dem anderen verzehren.

Du wirst hier auch schon mit einer Königsdisziplin vertraut gemacht, die es ganz allgemein in der Arbeit mit der geistigen

Welt gibt. Jede Situation, jeder Glaubenssatz, jedes Thema, jedes Problem und auch jede körperliche Beschwerde hat einen anderen Kern, der individuell betrachtet und bearbeitet werden darf. Es gibt hier kein Schema zum Auswendiglernen, sondern du fängst immer wieder bei 0 an, wenn du ein Thema wirklich nachhaltig bearbeiten möchtest. Aber keine Sorge – die Akasha Chronik wird dich immer hindurchführen und an dieser Stelle darfst du die Kontrolle vollständig abgeben!

Das macht die Arbeit für mich auch so besonders – eigentlich muss ich gar nichts tun, außer zuhören, übersetzen und aufgrund der Informationen, die fließen, dann erst handeln.

Die Sache mit unserem Inneren Kind

Unsere Kindheit ist eine sehr prägende Zeit. Gerade bis zum 7. Lebensjahr saugen wir unsere Umgebung einfach in uns auf und kreieren darauf aufbauend unser Weltbild. Die Schulzeit, das Arbeitsleben, das Zusammenleben mit Freund:innen und Partner:innen ist natürlich auch sehr lehrreich, keine Frage. Jedoch haben wir zu dieser Zeit schon gewisse installierte Programme (Glaubenssätze) und nehmen daher all die Erfahrungen durch den Nebel der Programmierung unseres Unterbewusstseins wahr.

Je stärker wir uns der Spiritualität und unserer magischen Seite hingeben, desto bewusster nehmen wir unsere Umwelt wahr und entscheiden selbst, was wir in unser Leben lassen und was nicht. Je stärker wir uns von unserem Ego, unserem Verstand und unserem Unterbewusstsein leiten lassen, desto dichter ist der Nebel.

Also im Klartext: Schaffst du dir keine Klarheit über deine negativen, blockierenden Glaubenssätze, löst sie nicht mit der Zeit auf und ersetzt sie weiterhin nicht durch förderliche neue Programme, dann lebst du immer in einem Leben, welches nicht deine Wahrheit widerspiegelt. Vielmehr lebst du dann ein Leben, dass durch deine Eltern, Großeltern und deine Schulzeit geprägt wurde. Erinnerst du dich daran, wie deine Eltern dir vorlebten, wie hart man für Geld arbeiten muss? Erinnerst du dich daran, wie dir deine Großeltern immer heimlich Geld zusteckten, denn über Geld redet man doch nicht? Erinnerst du dich daran, wie dir in der Schule eingetrichtert wurde, dass du dir mal eine ordentliche, seriöse und bodenständige Arbeit suchen sollst, damit du im Leben erfolgreich sein kannst? Das und noch viele andere psychische sowie emotionale Themen haben sich tief in dir abgespeichert. Denn diese Worte, die an uns gerichtet wurden, diese Gespräche, die wir unbewusst mitbekommen haben, oder die Taten, die wir durch unsere wachen Augen beobachtet haben, prägen uns noch heute. Und das häufig auf keine sehr förderliche Weise.

Über die Akasha Chronik können wir ganz tief in diese Erinnerungen und Erfahrungen aus unserer Kindheit eintauchen. Wir können tiefe Glaubenssätze auflösen, tiefe Emotionen befreien und Erinnerungen überschreiben, damit wir nicht länger an die Vergangenheit gebunden sind. Du darfst nämlich eines sehr deutlich verstehen: Du bist nicht das, was deine Umgebung aus dir gemacht hat! Du bist ein Individuum, eine freie Seele, die genau das tun kann, was für sie richtig ist. Du darfst aber auch verstehen, dass du dir deine Eltern ganz genau ausgesucht hast, bevor du als kleine Seele auf dieser Erde gelandet bist. Also verfalle bitte nicht in Vorwürfen deinen Eltern gegenüber, denn auch sie hatten in den meisten Fällen immer nur dein bestes Wohl im Sinn und agierten aufgrund der besten Antwort, die sie zu deiner Kindheit im Leben hatten. All die Erfahrungen aus deiner Kindheit haben dich zu der Person gemacht, die du heute im Spiegel erblicken kannst. Doch du entscheidest ab sofort selbst, ob du diese Person noch sein möchtest oder ob du dich zu der Version veränderst, die dir wahrhaftig entspricht, indem du dich von den Anteilen, Ansichten sowie Erfahrungen löst, die dich noch daran hindern. Also von Anteilen in dir, die deinen Eltern entsprechen, die von deiner Umwelt geprägt wurden, und Anteilen, die du in deiner Schulzeit, deinen Freundschaften sowie aus deinen Partnerschaften übernommen hast. Welche Anteile davon entsprechen dir noch wahrhaftig und welche Teile möchtest du nun gerne ablegen? Jetzt ist die Zeit, dass du dir ein Leben aufbaust, das dir vollkommen entspricht, deine Wünsche und Ziele widerspiegelt und welches dich wahrhaftig glücklich macht. Alles andere sind lediglich Ausreden und Glaubenssätze!

Auch Ausreden resultieren häufig aus Glaubenssätzen, die uns eher dazu anleiten, in unserer Komfortzone zu bleiben, anstatt aus ihr auszubrechen. Wenn du einen Wunsch hast und der erste Gedanke ist: „Das geht aus folgenden Gründen nicht ...", dann ist das eine Ausrede. Wenn du ein Ziel hast und der erste Gedanke ist: „Ich habe Angst, dass ich das aus folgenden Gründen ... nicht erreichen kann", dann ist dort ein Glaubenssatz verborgen!

Nimm diese Gedanken an, aber lasse dich nicht von ihnen aufhalten. Denn sonst wirst du immer in diesem 0-8-15 Leben gefangen sein, anstatt ein freies und selbstbestimmtes Leben zu führen. Das ist nicht deine Bestimmung!

Eine Botschaft aus meiner Akasha Chronik zu unserem INNEREN KIND:

„MANCHMAL MUSST DU EINE ERFAHRUNG in deinem Leben machen, damit du heute die Weisheit in dir tragen kannst, die dich zu dem Menschen macht, der du sein sollst. Mit einigen Situationen kannst du besser umgehen als mit anderen und an einigen Situationen nagt dein System sehr lange. Du musst schwere Erinnerungen, drückende Emotionen oder schmerzhafte Erfahrungen nicht mit dir herumtragen. Du kannst sie aber auch nicht einfach in einem Karton verschließen und wegsperren, denn es kommt immer eine Zeit, in der diese verpackten Erinnerungen wieder an die Oberfläche getragen werden. Es gibt nur einen einzigen Weg, damit du die Macht über diese Situationen bekommst: indem du dich ihnen stellst, auch wenn sich alles in dir davor sträubt.

Stelle dir vor, dass du über eine Treppe in einen Keller hinabsteigst. Du wirst dort vieles finden, was dir vielleicht Angst macht, was du dort unten stehen lassen möchtest oder was einfach nicht mehr in dein Leben passt. Du wirst aber auch einiges finden, was dein Leben bereichern und um einiges schöner machen wird. Nimm die Geschenke aus deinem Keller mit in dein aktuelles Leben und lasse alles, was du noch einmal betrachtest, aber nicht länger zu dir gehören soll, in diesem Keller, und schließe anschließend die Tür. Diesen Keller kannst du immer wieder betreten, du kannst ihn aber auch verschlossen halten, nachdem du ihn vollständig aufgeräumt hast. Wie viele solcher Kellerräume auf dich warten, ist ungewiss, doch du bist stark genug, dir jeden einzelnen anzusehen, aufzuräumen und mit vielen Geschenken hervorzugehen."

Amen.

Innere Kind Themen bearbeiten

Verbinde dich nun gerne mit deiner Akasha Chronik, um ein Inneres-Kind-Thema zu betrachten sowie aufzulösen, das dich heute noch daran hindert, vollkommen Du selbst sein zu können.

Bei der Arbeit mit der Akasha Chronik finde ich es äußerst wichtig, nicht einfach in der Zeit zurückzureisen und ggf. schon verarbeitete Situationen nochmals aufzuwühlen. Denn hat dein System einmal eine schwere, möglicherweise traumatisierende Situation verarbeitet, dann musst du es deinem System nicht ein zweites Mal zumuten. Denn die Verarbeitung kann unfassbar anstrengend sein. Bleibe also bei aktuellen Themen, Problemen oder Blockaden. Deine Akasha Chronik wird dich immer zum Ursprung zurückführen, damit du diesen nachhaltig auflösen kannst, um dich in der Gegenwart davon zu befreien. Ob der Kern deines aktuellen Problems in deiner Kindheit ruht, in einem früheren Leben geschehen ist oder durch deine Ahnen weitergeben wurde, weißt du erst konkret, wenn dir deine Akasha Chronik den Ursprung eines aktuellen Themas zeigt. Weißt du aber genau, dass es eine Situation in deiner Kindheit gab, an die du heute immer wieder zurückdenken musst, dann ist das ein Zeichen, dass dich hier noch etwas hält. Bitte dann deine Akasha Chronik, diese Situation für dich erneut zu öffnen, und lasse dich von deinen Hütern, Meistern oder Geistwesen darauf aufmerksam machen, was du lösen, neu programmieren oder abschließen kannst, um dich heute freier zu fühlen. Du kannst die Vergangenheit nicht ändern, indem du zum Beispiel den Ausgang von Situationen umänderst. Was du aber machen kannst, ist die emotionale Prägung einer Situation aufzuheben, indem du Glaubenssätze löst, Vergebung übst oder dir bewusst machst, dass du selbst keine Schuld an gewissen Dingen trägst. Du änderst also deine Gedanken über gewisse Erfahrungen deiner Vergangenheit, nicht aber die geschehenen Handlungen selbst.

Du kannst dich über deine Akasha Chronik auch mit dem Anteil deines Inneren Kindes verbinden und dir darüber offenbaren lassen, welche Themen, Emotionen oder Erfahrungen noch geheilt werden möchten. Wisse aber, dass das keine einmalige Übung ist, sondern dass du dich regelmäßig mit deinem Inneren Kind auseinandersetzen darfst, denn auch dein Erwachsenen-Ich kann unheimlich viel von deiner früheren Version lernen – nicht nur umgekehrt.

Je älter wir werden, desto ernster wird oft das Leben. Wir müssen arbeiten gehen, um Geld zu verdienen, damit wir uns eine Wohnung finanzieren können, in der wir kaum Zeit verbringen, weil wir hier nur zum Schlafen und Essen sind. Über die Verbindung zu unserem Inneren Kind können wir uns wieder an unsere kindliche Neugier, diese Albernheit und auch die sorgenlose Freude erinnern, die wir im stressigen Alltag häufig vergessen.

Die Sache mit energetischen Verbindungen

Im Grunde sind wir mit allem, was ist und existiert, energetisch verbunden. Aufgrund dieser starken Verbindungen ist es übrigens anderen Spezies auf anderen Planeten möglich, untereinander per Telepathie zu kommunizieren. Aber ich mag mich gar nicht beschweren, die weltweite Vernetzung über das Internet bringt ebenfalls viele Vor-, aber auch Nachteile mit sich. Außerdem weiß ich gar nicht, ob ich es zum aktuellen Stand der irdischen Gesellschaft so toll fände, über Gedanken zu kommunizieren.

Allerdings wirken starke energetische Verbindungen zu anderen Menschen oder Lebewesen auch hier auf der Erde schon im Ansatz wie Telepathie. Hattest du schon mal den Fall, dass du intensiv an jemanden gedacht hast, und kurz darauf bist du dieser Person über den Weg gelaufen oder du hattest eine Nachricht von ihr auf dem Handy? Wenn ja, dann hast du (vielleicht unbewusst) die Macht eurer energetischen Verbindung genutzt. Jetzt kann es aber auch sein, dass du an eine Person dachtest, weil du sie eigentlich nie wieder sehen möchtest, und sie läuft dir kurze Zeit später trotzdem über den Weg! Ja, da hast du ebenfalls die Macht der energetischen Verbindung genutzt. Und aus diesem Grund ist es wichtig, dass wir mit energetischen Verbindungen arbeiten!

Und ich verrate dir noch etwas – energetische Verbindungen bilden sich innerhalb von Sekunden. Ein kleines Beispiel für dich: Ich öffne dem Postboten morgens die Tür und er trägt mir das schwere Paket bis in den Flur meiner Wohnung. Dann bin ich so glücklich über seine Freundlichkeit, dass sich eine positive Verbindung von mir zum Postboten bildet. Am nächsten Tag kommt aber ein anderer Postbote und der schmeißt mir das Paket einfach vor die Haustür. Schwups, da hat sich eine eher schwere und negative Verbindung von mir zum Postboten gebildet. Und wenn das schon beim Postboten losgeht, wie tief bilden sich dann energetische Verbindungen in deinen engsten Beziehungen deines Lebens?

Positive energetische Verbindungen können das Band in einer Beziehung unheimlich stärken. Hattest du beispielsweise eine tolle Kindheit, du und deine Mutter haben viel gemeinsam unternommen und deine Mutter hat dich immer unterstützt, egal welchen verrückten Plan du als Nächstes umsetzen wolltest, dann stärken eure gemeinsamen energetischen Verbindungen nicht nur eure Beziehung, sondern auch dein Denken und Handeln im Bezug darauf, wie du heute dein Leben bestreitest.

Negative energetische Verbindungen bewirken das Gegenteil und können dich wie negative Glaubenssätze daran hindern, einen selbstbestimmten Weg zu gehen. Warst du in der Vergangenheit immer wieder in toxischen Partnerschaften, suchst dir immer wieder den gleichen Typ Frau/Mann oder gehst womöglich immer wieder zurück zu deiner oder deinem Ex? Dann kann das entweder an Glaubensmustern oder an nicht gelösten energetischen Verbindungen liegen. Und jetzt kommt eine richtig gute Nachricht! Über die Akasha Chronik kannst du negative energetische Verbindungen ganz einfach lösen, um dich von dem starken Einfluss dieser Verbindungen zu befreien.

Energetische Verbindungen können übrigens nicht nur zu Menschen bestehen, sondern auch zu Gegenständen oder manchmal auch zu Situationen. Wenn du also etwas oder jemanden nicht vergessen, nicht loslassen oder immer wieder wie von selbst dorthin zurückgeführt wirst (obwohl du das eigentlich gar nicht willst), kann das an der Macht einer oder mehrerer energetischen Verbindungen liegen.

Meine Hüterin möchte zum Thema **ENERGETISCHE VERBINDUNGEN** noch Folgendes teilen:

„**ENERGETISCHE VERBINDUNGEN SIND UNSICHTBARE SCHNÜRE**, die zwei menschliche Körper miteinander verbinden. Manche davon sind stark, manche sind schwach, manche sind lichtvoll oder in den prächtigsten Farben, manche sind eher grau, schwarz oder farblos, manche fühlen sich gut an und manche fühlen sich eher schwer an. Doch egal, wie sich eine Verbindung zeigt, ob gut oder schwer, sie ist immer prägend. Sie prägt dich wie eine starke Erinnerung und lässt dich dann in ähnlichen Begegnungen mit anderen Menschen auf eine ähnliche Weise empfinden.

So kann es sein, dass du dich, wenn du eine tolle Schulzeit hattest, mit Lehrkräften, die dich auf deinem Weg fordern, grundsätzlich gut fühlst, wenn du auf Menschen triffst, die einen ähnlichen Beruf ausüben. Hast du allerdings genau das Gegenteil in deiner Schulzeit erlebt, dann kann es sein, dass du ein eher komisches Gefühl in Begegnungen mit Menschen und einem ähnlichen Beruf bekommst, selbst wenn du auf Ebene des Bewusstseins weißt, dass hierfür kein Grund vorliegt. Doch deine energetische Verbindung aus der Vergangenheit lässt dich alte Erinnerungen und Emotionen durchleben. Daher solltest du dich von schweren, farblosen und weniger unterstützenden Verbindungen im Laufe deiner Zeit lösen und lichtvolle, farbenprächtige und unterstützende Verbindungen sammeln. Denn diese helfen dir, dein eigenes Licht zu erkennen und deinen Seelenweg hier kraftvoll zu beschreiten."

Energetische Verbindungen lösen

Energetische Verbindungen zeigen sich häufig wie lichtvolle Schnüre, die von einem Energiekörper zu einem anderen Energiekörper gespannt werden. Je nachdem, wie intensiv wir mit einem anderen Menschen in Kontakt stehen oder standen, desto mehr Verbindungen können sich gebildet haben. Oftmals ist die Stelle, an der die Verbindung(en) sitzen, auch ein Anhaltspunkt zu verschiedenen Themen. Negative energetische Verbindungen zeigen sich für mich außerdem weniger lichtvoll und fallen mir daher auch direkt ins Auge. Nehme ich beispielsweise viele dunklere Verbindungen zwischen Mutter und Tochter im Herzbereich wahr, dann schließt das häufig schon darauf, dass es sich um keine sehr liebevolle und unterstützende Beziehung handelt. In der Kindheit hat es dann oft an Zuneigung und Liebesbekundungen gefehlt, was sich durch die Verbindung an dieser Stelle deutlich zeigt. Nehme ich zwischen zwei Personen, die in einer Liebesbeziehung stehen, lichtvolle Verbindungen von der Hüfte abwärts wahr, dann deutet das häufig auf eine sehr bodenständige und verlässliche Verbindung der beiden hin.

Wenn du negative energetische Verbindungen nun lösen möchtest, dann kannst du das nur mit Menschen, Gegenständen oder Situationen tun, die in deiner aktuellen Inkarnation noch existieren. Verlässt die Seele einen Körper, lösen sich dadurch automatisch auch die energetischen Verbindungen zu einem anderen Energiesystem. Das ist auch mit ein Grund, warum manche spüren können, wenn jemand stirbt, der ihnen nahesteht.

Verbinde dich gerne mit deiner Akasha Chronik und denke an eine Person, zu der negative Verbindungen bestehen. Bitte dann darum, dass an deiner Seite die energetischen Verbindungen abgetrennt werden, und beobachte, wie diese wie Saugnäpfe von deinem System abfallen. Wenn du magst, kannst du an diese Stellen etwas Heilung hinschicken. Bitte beachte, dass du diese Verbindungen nur an deiner Seite lösen kannst, da du den freien Willen eines anderen nicht brechen kannst.

Hier passiert nun Folgendes: Ein gespanntes Band wird an deiner Seite losgelassen. Egal, wie spirituell der Mensch ist, der auf der anderen Seite steht, kann er diese Spannung, die plötzlich locker wird, auf verschiedene Arten ebenfalls wahrnehmen. Häufig äußert sich das über eine Sehnsucht, wieder mit dem anderen Menschen in Kontakt treten zu wollen, denn es kommt ein Gefühl wie „etwas verloren zu haben“ hoch. Darauf solltest du dich einstellen, um gegebenenfalls reagieren zu können, damit sich keine weiteren Verbindungen mehr aufbauen. Immerhin hast du sie gerade erfolgreich gelöst. Tatsächlich bekam ich hier schon häufig eine Rückmeldung von Klient:innen. Wenn wir energetische Verbindungen lösen, weise ich immer auf diesen möglichen Fall hin, um meine Klient:innen nicht einfach in diese Situation blind hineinlaufen zu lassen. Außerdem möchte ich, dass sie sich wappnen und sich überlegen, wie sie reagieren und handeln wollen, um selbstbewusst und mutig zu sein. Denn ich arbeite häufig mit wirklich schweren und traumatischen Erlebnissen in der Vergangenheit. Als Rückmeldung kam vielfach ein Telefonanruf der Person, bei der wir eine energetische Trennung durchgeführt haben.

Die eigene Bestimmung finden

Das wollen wir doch alle, oder nicht? Unsere Bestimmung erfüllen, ein erfülltes Leben führen und einen Sinn im Leben finden. Die gute Nachricht ist, dass wir ja auch genau aus diesem Grund hier auf der Erde und in dieser Inkarnation gelandet sind: um unsere Bestimmung zu leben. Versuch es dir einmal wie folgt vorzustellen:

Deine Seele entscheidet sich, wieder zu inkarnieren. Vielleicht möchte sie Karma auflösen. Vielleicht wurde sie von einer anderen Seele gebeten, sie zu treffen, um eine gemeinsame Aufgabe abzuschließen. Vielleicht hat sich deine Seele selbst dazu entschlossen, wieder zu inkarnieren, um bestimmte Aufgaben zu lösen, Tugenden zu erlernen, neues Wissen anzuhäufen oder einfach in der neuen Zeit mitzumischen. Vielleicht wurde deine Seele von einem höheren Wesen mit einem ganz konkreten Leitfaden und einer lebensverändernden Aufgabe auf diese Erde geschickt. Vielleicht wurde deine Seele darum gebeten, etwas ganz Wichtiges in die Welt zu tragen, was die Menschheit gerade braucht, um dadurch kollektive Aufgaben bewältigen zu können. Mit großer Wahrscheinlichkeit wurde deine Seele zur aktuellen Zeit auf die Erde geschickt, um das Bewusstsein der Menschen zu erhöhen, dadurch die Frequenz der Erde anzuheben und somit einen Quantensprung der Menschheit erzielen zu können. Wie gut das gerade im Jahr 2024 vorangeht, wissen wir alle. Also ist es doch unheimlich interessant und faszinierend zu wissen, was die Bestimmung deiner Seele konkret ist, damit du dieser auch nachkommen kannst!

Die schlechte Nachricht ist allerdings, dass wir vieles von dem vergessen, was wir mit in diese Inkarnation gebracht haben. Nach unserer Geburt wissen wir in der Regel noch vieles von dem, was wir uns in unseren geistigen Rucksack gepackt haben. Doch je älter wir werden, desto stärker und dichter wird der Nebel des Vergessens. Aber hey – das Gute im Schlechten: Du hältst gerade dieses Buch in deinen Händen! Das bedeutet, dass du auf dem Weg bist, dich wieder an all das zu erinnern, und du dich ebenfalls dazu entschieden hast, deine Bestimmung kennenlernen zu wollen. Herzlichen Glückwunsch, du wundervolle Seele!

Die Bestimmung eines jeden Menschen oder Lebewesens kann ganz unterschiedlich aussehen. Keine Bestimmung ist gleich. Jedoch können sich manche Bestimmungen überlappen. Wenn du dich beispielsweise mit einer anderen Seele verabredet hast, um eine bestimmte Aufgabe zu erfüllen, dann überlappen sich eurer beiden Bestimmungen oder zumindest der Weg, auf dem ihr schreitet. Es ist ungefähr so, als würdet ihr euch an einer geistigen Kreuzung treffen, eure Aufgabe erledigen und jeder geht weiter seiner eigenen Wege. Ein kurzes Wiedersehen mit Abklatschen reicht manchmal, um eine gemeinsame Aufgabe zu erfüllen. Anders kann es aber auch vorkommen, dass ihr einen Teil eures Weges gemeinsam geht, manchmal sogar bis zum Ende, damit ihr beide eure Bestimmung erfüllen könnt. Dies kann sich oft bei Seelenpartnerschaften zeigen.

Es ist nicht nur interessant, sondern auch unheimlich wichtig, die eigene Bestimmung im Leben zu kennen sowie zu verstehen. Nehmen wir den Weg unserer Bestimmung nicht an, kann es durchaus passieren, dass wir dadurch die gleichen plus neue, zusätzliche Aufgaben in eine nächste Inkarnation mittragen. Dann hätten wir nicht nur ganz schön viel Zeit verplempert, sondern auch den nächsten Rucksack unnötig schwer gepackt. Muss nicht unbedingt sein, findest du nicht auch? **Daher meine Frage an dich: Hast du dich jemals gefragt, was deine Bestimmung hier auf der Erde sein könnte?**

Solltest du jetzt ein Dutzend Fragezeichen im Kopf haben oder dir nicht sicher sein, ob du auf dem richtigen Weg bist, kann dir deine Akasha Chronik eine große Unterstützung sein. Denn mithilfe deiner Chronik kannst du nicht nur Hürden, Blockaden oder Stolpersteine aus dem Weg räumen, die dir noch zu deiner Bestimmung im Weg stehen. Es kann durchaus vorkommen, dass dir deine Bestimmung über die Akasha Chronik offenbart wird. Das hängt allerdings ein bisschen davon ab, wie tief du schon in deine Schattenthemen eingetaucht bist und somit die Offenbarung deiner Bestimmung annehmen sowie integrieren konntest. Hat deine Akasha Chronik eher das Gefühl, dass du dich noch vor deinen wahren Aufgaben, Herausforderungen und somit deiner Bestimmung verschließt, wird sie sich mit einer klaren Offenbarung wohl eher zurückhalten. Denn wie du mittlerweile schon weißt, bekommen wir aus der Akasha Chronik selten Informationen und Botschaften, die uns so sehr überfordern würden, dass wir den Überblick über unser Leben komplett verlieren würden. Es wird dir dann eher der nächste, anstehende Wegpfeiler offenbart oder dir eine Landkarte zur Verfügung gestellt, in welche Richtung es sich nun für dich entwickeln darf. Schritt für Schritt und in deinem Tempo wird dich deine Akasha Chronik an deine Bestimmung heranführen.

Bleibe stets offen dafür, dass dir auf dem Weg dorthin auch Schattenthemen, Glaubenssätze oder Blockaden vor die Füße fallen, die du auflösen darfst, um deine Bestimmung überhaupt ausführen zu können.

Meine Bestimmung ist es, Spiritualität sowie echte Magie greifbar zu machen. Wenn man sich aktuell umhört, existieren noch unheimlich viele Grenzen, Limitationen, oder es werden Ängste verbreitet, die es den Menschen erschwert, ihre eigene spirituelle Seite auszuleben. Ich möchte diese Grenzen durchbrechen, Menschen, die diese Grenzen verbreiten, wachrütteln, und Menschen helfen, über die Grenzen des Unmöglichen hinauszublicken, um ihre individuellen Fähigkeiten erkennen zu können.

Hätte meine Akasha Chronik mir vor nur einem Jahr gesagt, dass ich dieses Buch schreiben werde und dadurch möglicherweise vielen spirituellen Persönlichkeiten den Wind aus den Segeln nehme, weil ich ihre Grenzen in Frage stelle, hätte ich meiner Akasha Chronik liebevoll den Vogel gezeigt. Doch durch meine Klient:innen sowie Schüler:innen habe ich so viele Grenzen kennengelernt, die aktuell verbreitet werden, dass ich mit jeder Erzählung wütender wurde. Ich habe selbst erkannt, dass ich hier aufklären möchte, um den Menschen ein neues Gefühl der freien spirituellen Entfaltung zu ermöglichen.

Als mir meine Akasha Chronik dann sagte: **„Nimm deine Emotionen und verpacke sie anhand eines Buches. Dadurch wirst du nicht nur die Menschen wachrütteln, sondern du wirst die Akasha Chronik durch eine neue Emotion prägen, wie sie vorher nur von deinem engsten Kreis empfunden wurde!"**, konnte ich etwas mit den Worten anfangen und sie umsetzen. Daher wird der Zeitpunkt deiner Bestimmung oder die ersten Schritte zu deiner Bestimmung immer genau dann offenbart, wenn du bereit bist, sie zu empfangen, zu integrieren und sie umzusetzen.

Noch ein paar Worte aus meiner Akasha Chronik zu der **BESTIMMUNG UNSERER SEELE**:

„**JEDER MENSCH TRÄGT EINEN SCHATZ IN SICH.** Einen Schatz voller Magie und Wunder. Nicht jeder wird diesen Schatz irgendwann in sich erkennen, egal wie hell er versucht zu leuchten. Doch jedem einzelnen Menschen ist es möglich, diesen Schatz zu finden, um damit etwas Großes und Einzigartiges zu erschaffen. Einen Schatz zu finden, geht aber auch immer mit einer großen Verantwortung einher. Denn einmal gefunden, kann man ihn nicht wieder verstecken, dafür ist er zu schön und zu wertvoll. Also kann die Suche und das Finden dieses Schatzes große Angst machen und Unsicherheiten hervorrufen. Doch es lohnt sich, sich nicht weiter vor der Suche zu drücken, denn mit diesem Schatz wird eine Inkarnation erst so richtig spannend, magisch, voller Abenteuer, Leidenschaft und Hingabe. Dieser Schatz ermöglicht es, den Weg der eigenen Seele klar zu erkennen, sodass es keine Ausreden mehr geben wird, sich davor zu verschließen."

Willst du deine Zukunft eigentlich wissen?

Das mit der Zukunft ist ehrlich gestanden eine etwas komplizierte Sache. Es ist wie bei dem Spiel „Mensch ärgere dich nicht“, du weißt nie wirklich, was kommt. Deshalb ist es auch nicht wirklich sinnvoll, in die Zukunft zu blicken. Denn alles, was du sehen wirst, kann sich in der nächsten Sekunde schon wieder verändern, und zwar wegen des freien Willens eines jeden einzelnen Menschen. Denn du als eigenständiges Wesen triffst jeden Tag aufs Neue eine Entscheidung, die deine Zukunft verändern kann. Also müsstest du auch jeden Tag aufs Neue deine Zukunft betrachten, um dir aufgrund deiner Entscheidungsfreiheit jedes neue Zukunftsszenario anzuschauen. Je nachdem, wie weit du dabei in die Zukunft gehst, wird es umso unwahrscheinlicher, dass genau dieses Bild deiner Zukunftsvision eintreten wird.

Hinzu kommt, dass du nicht allein als eigenständiges Wesen auf diesem Planeten wohnst, weshalb durch das Ursache-und-Wirkungs-Prinzip einiges beim Betrachten deiner Zukunft mit hineinspielt. Hier mal ein konkretes Beispiel für dich: Du möchtest übers Wochenende deine Freundin besuchen und verbindest dich morgens nach dem Aufstehen mit deiner Akasha Chronik, um zu schauen, wie deine dreistündige Autofahrt zu deiner Freundin verlaufen wird. Du siehst, dass du perfekt durchkommst, sogar noch einen entspannten Zwischenstopp bei deinem Lieblingscafé machen kannst und du es in aller Seelenruhe mit deiner Freundin abends pünktlich zur Geburtstagsparty schaffst. Aufgrund deiner Zukunftsvision trödelst du vielleicht etwas und steigst 20 Minuten später ins Auto, als du eigentlich vorhattest. Was passiert? Du landest im Stau, brauchst das Doppelte an Zeit für deine Autofahrt, kommst total gehetzt bei deiner Freundin an und kannst die Party am Abend gar nicht mehr wirklich genießen. Hast du nun etwas Falsches in der Zukunft gesehen? Nö, du bist lediglich vom Zeitplan deiner Zukunftsvision abgewichen. Solche Veränderungen können sich allein durch 20 Minuten Zeitverschiebung ergeben. Schaust du eine Woche in die Zukunft, vielleicht einige Monate oder Jahre, desto mehr kann sich die Version der Zukunft ändern, die du zum gegenwärtigen Moment betrachtest. Beziehen wir in diese möglichen Beispiele nicht nur deine eigenen Entscheidungen ein, sondern auch die jedes anderen Menschen, dann bricht heilloses Chaos aus. Daher ist meine klare persönliche Meinung: Ich halte nicht viel davon, sich die eigene oder kollektive Zukunft anzuschauen. Dennoch ist es über die Akasha Chronik möglich.

Zum Thema ZUKUNFT sagt meine Akasha Chronik Folgendes:

„**DIE ZUKUNFT EXISTIERT BEREITS**, nur auf einer anderen Zeitebene. Die Vergangenheit ist wie die Zukunft allgegenwärtig. Bleib mit den Gedanken präsent im gegenwärtigen Moment, denn es ist die einzige Zeit, die wirklich existiert."

Wann sich ein Blick in die Zukunft lohnt

Bei allen möglichen Zukunftsszenarien, die zum gegenwärtigen Moment vage, unkontrollierbar oder unsicher im Ausgang sind, ist es reine Energieverschwendung, sich mit unsicheren Versionen der Zukunft zu beschäftigen. Hier zwei Beispiele für dich:

1. Du hast dich gerade selbstständig gemacht und möchtest dir anschauen, wie sich dein eigenes Unternehmen in den kommenden 3–5 Jahren entwickelt. Doch dann beziehe bitte auch die Konjunktur, die Veränderungen deiner Zielgruppe oder deine eigene persönliche Weiterentwicklung mit ein. Du hast es nur jetzt und jeden weiteren Tag selbst in der Hand, dein Business aufzubauen, um erfolgreich damit zu sein. Jetzt, hier, in der Gegenwart.
2. Du bist frisch Mami oder Papi geworden und möchtest dir anschauen, wie sich dein Kind in den kommenden Jahren entwickelt. Doch dann beziehe bitte auch den Einfluss im Kindergarten, der Schule, durch Freunde, durch deine Familie, durch deine eigenen persönlichen Veränderungen sowie die Veränderung deiner eigenen Werte mit ein. Unterstütze dein Kind vielmehr in der Gegenwart, damit du keinen wichtigen Moment in seiner/ihrer persönlichen Entwicklung verpasst.

Du merkst, worauf ich hinaus möchte? Deine Zukunft verändert sich immer auf der Basis deiner eigenen Veränderung, durch äußere Einflüsse und kann dadurch auch die Zukunft von anderen Personen beeinflussen.

Ich hoffe, ich habe dir noch nicht den Spaß an der Zukunft verdorben, denn es gibt verschiedene Aspekte, bei denen es sich sehr wohl lohnt, einen Blick in die Zukunft zu werfen. Auch hier zwei Beispiele für dich:

1. Wenn ich in den Urlaub fahre, dann schaue ich mir für den Zeitraum gerne das Wetter an, um zu wissen, was ich einpacken muss. Das Wetter ist beständiger als Menschen, weshalb es bisher immer ziemlich gut gepasst hat, was ich vom Wetter in der Zukunft sehen durfte. Das Wetter schaue ich mir auch bei sehr wichtigen Ereignissen an, um auf mögliche Veränderungen vorbereitet zu sein.
2. Auch wenn ich früher gerne und oft auf Partys gegangen bin, so bin ich heute eher ungern unter vielen Menschen. Steht ein Ereignis an, bei dem ich also auf viele Menschen stoße, dann schaue ich mir die Grundstimmung des Abends an. Immer mit dem Hintergrund, dass sich natürlich etwas verändern kann, wenn jemand zum Beispiel entscheidet, einen Cocktail mehr zu trinken als ursprünglich geplant. Es kann durchaus vorkommen, dass ich auch mal absage und es mir dann auf meiner Couch mit meinen zwei Hunden gemütlich mache, wenn ich eine eher negative sowie anstrengende Stimmung wahrnehme.

Tendenziell darfst du für dich selbst abwägen, wann und ob du in die Zukunft schaust. Wisse aber, dass dir die Zukunft nur dann gezeigt wird, wenn du auch dazu bereit bist, sie wirklich zu sehen. Damit meine ich nicht die Autobahnfahrt, das Treffen unter Freund:innen oder das Wetter im Urlaub. Ich meine vielmehr wichtige und möglicherweise lebensverändernde Wendungen deines Lebens. Würdest du beispielsweise sehen, dass du in drei Jahren einen schweren Autounfall hättest und dadurch deinen aktuellen Beruf nicht mehr ausüben könntest, dann würde dich diese Version deiner Zukunft wahrscheinlich überfordern. Vielleicht wärst du auch total gelähmt im Leben, weil du nur noch an diesen Unfall denkst und wie du ihn abwenden kannst, dadurch aber deinen Alltag nicht mehr geregelt bekommst. Das ist nicht Sinn der Sache und wird dir daher auch nur in ganz seltenen Fällen über die Akasha Chronik gezeigt werden. Daher lautet auch meine klare Frage an dich: Willst du deine Zukunft wirklich wissen oder lebst du viel lieber im gegenwärtigen Moment, den du tatsächlich ERLEBEN kannst?

Einen kleinen Zusatz möchte ich dir noch erzählen, bevor ich dir erkläre, wie du dir manche Zukunftsszenarien anschauen kannst. Deine Seele kam mit einem gewissen **Seelenplan** hier auf die Erde, wobei du mehr als die Hälfte selbst beeinflussen kannst. Doch es gibt einen, manchmal mehrere Eckpunkte auf deinem Plan, die eintreten werden – komme, was wolle! Vielleicht hattest du auch schon mal so ein Erlebnis, bei dem du gar nicht erklären kannst, was du alles umplanen musstest, schiefging oder was für plötzliche Wendungen sich ergeben haben, nur damit du zu einer bestimmten Zeit an einem bestimmten Ort warst. Hierbei kann es sich um kleine Begegnungen handeln oder um sehr große Ereignisse. Steht so eine Situation irgendwann in deinem Leben an, dann wird das Universum, dein geistiges Team und natürlich deine Seele alles Mögliche in die Wege leiten, damit du diese Situation in keinem Fall verpassen wirst. Mach dir nun auch bitte keine Gedanken, ob du jemals ein solch wichtiges Ereignis schon verpasst haben könntest. Das ist so gut wie unmöglich. Nichtsdestotrotz möchte ich dich an dieser Stelle einmal dazu ermutigen, **mehr auf deine natürlichen Impulse sowie deine Intuition zu vertrauen. Denn es ist die Stimme deiner Seele.**

Wie man die Zukunft betrachtet

Nach meiner Erfahrung gibt es zwei unterschiedliche Wege, wie man sich seine Zukunft anschauen kann. Nochmal kurz zur Wiederholung, damit du es auch nicht vergisst: Je weiter du in die Zukunft springst, desto unwahrscheinlicher ist es, dass genau diese Version eintreten wird.

Möglichkeit 1: Du möchtest dir eine bestimmte Situation, ein Ereignis oder einen Zeitpunkt in der Zukunft anschauen. Vielleicht bist du an einem ganz bestimmten Tag zu einer bestimmten Uhrzeit zu einem bestimmten Event angemeldet und möchtest dir anschauen, wie das Wetter zu dieser Zeit sein wird. So weißt du ganz genau, was du anziehen kannst. Du verbindest dich dann mit deiner Akasha Chronik und bittest darum, dass dir genau dieser Zeitpunkt gezeigt wird. Wichtig ist noch, dass du deine Intention miteinfließen lässt, in unserem Fall das Wetter, damit du auch genau das wahrnehmen wirst, was dich weiterbringt.

Möglichkeit 2: Du fährst mit deinen Arbeitskollegen eine Woche nach Mallorca und bist dir unsicher, wie die Stimmung sein wird, welche Herausforderungen auf dich zukommen und ob du dich noch auf etwas Wichtiges vorbereiten musst. Also reist du zum Ende deiner Reise und lässt dir von dort aus die Vergangenheit bis zum gegenwärtigen Moment zeigen. Du siehst also die Woche mit deinen Arbeitskollegen rückwärts (für dich vorwärts) im Schnelldurchlauf.

Wäge ab, welche Möglichkeit sich für deine Vorhaben eher eignet, und probiere dich am besten etwas aus, dann hast du den Dreh schnell raus.

Manifestieren

Vom **Manifestieren** hast du sicher schonmal gehört. Es gibt viele verschiedene Auffassungen, wie Manifestieren verstanden und kommuniziert wird. Vom „Wünsche ans Universum schicken und warten, bis sie dir vor die Füße fallen" bis hin zu „dein Leben in die Hand nehmen und für deine Wünsche aktiv losgehen". Ich bin eher Verfechter des zweiten Ansatzes, denn deine Träume werden nicht einfach an deiner Tür klopfen, wenn du selbst nichts für sie tust. Vielmehr ist für mich Manifestieren das aktive Beeinflussen deiner Zukunft. Denn du machst dir bewusst Gedanken darüber, was du im Leben erreichen möchtest, wo es für dich im Leben hingehen soll und wer du sein möchtest. Du lässt das Leben nicht mehr einfach geschehen, dich von Umständen beeinflussen oder verlierst die Kontrolle, wenn mal etwas nicht so läuft, wie du es dir gerne gewünscht hättest. Du hast einen konkreten Plan, große Träume sowie Ziele und beschäftigst dich mit deinem Leben.

Beim Manifestieren geht es also darum, bewusst deine Energie auf eine bestimmte Zukunftsvision zu richten. Der Schlüssel ist dabei jedoch, beim Kreieren deiner Zukunft in der Gegenwart zu bleiben. Möchtest du beispielsweise ein erfolgreiches Business gründen, mit dem du deinen Lebensunterhalt verdienen kannst, dann ist es wichtig, dass du nicht nur von der Zukunft träumst, sondern in der Gegenwart schon ins Handeln kommst. Du könntest dir eine Homepage aufbauen, deine ersten Angebote dort präsentieren oder dich mit deiner Businessidee auf verschiedenen Social-Media-Kanälen zeigen. So leitest du deine Energie sowohl in die Zukunft, bist aber in der Gegenwart präsent, sodass deine Manifestation kraftvoll im Hintergrund arbeiten kann. Es ist nicht wahr, dass du allein deine Gedankenkraft nutzen musst, um deine Wünsche in dein

Leben zu ziehen. Manifestieren ist die Kraft deiner Gedanken, gepaart mit universeller Unterstützung und deinen konkreten Handlungen.

Bleiben wir bei dem Beispiel mit der Businessgründung. Du schickst also durch die Kraft deiner Gedanken eine kraftvolle Energie in die Zukunft. Erstelle dir dazu ein besonders detailliertes Bild, wie du dir dein Business in der Zukunft vorstellst, und halte dich dabei nicht zurück. Nur weil etwas jetzt noch unmöglich scheint, kann es in wenigen Wochen schon eingetreten sein. Versuche es doch mal mit einem Visionboard, auf das du Bilder deiner Vision klebst, um dich regelmäßig in Vorfreude, Dankbarkeit und möglicherweise Stolz zu üben, was deine Vision nochmals verstärkt. Ansonsten kannst du dir auch alles sehr detailliert aufschreiben, damit du deine Vision möglichst klar vor dir hast. Das Universum wird dir daraufhin auf verschiedenen Wegen Unterstützung zukommen lassen, damit du deine Vision erreichen kannst. Vielleicht begegnen dir Menschen, die dir ihre Unterstützung anbieten. Vielleicht fällt dir ein Buch vor die Füße, was dir Antworten auf alle deine Unsicherheiten liefert. Vielleicht siehst du eine Autowerbung und hast daraufhin eine zündende Idee, die dir das Startkapital deines Business einbringen wird.

Doch du musst dann selbst ins Handeln kommen, das Universum kann dich lediglich unterstützen. Mach dir keine Sorgen, dass du Zeichen verpassen könntest, sie kommen dann auf anderen Wegen. Doch wenn du eine Unterstützung nach der anderen abwehrst und entgegen deiner Intuition handelst, kann das ein Signal ans Universum aussenden, dass du noch nicht bereit bist, deine Wünsche zu empfangen.

Genau das ist auch der häufigste Grund, warum Menschen denken, dass Manifestieren bei ihnen nicht funktionieren würde. Hinzu kommen dann noch fehlendes Vertrauen, Ungeduld, Kontrolle, nicht loslassen können und keinen Zugang zur eigenen Intuition haben. Manifestieren ist eine Wissenschaft für sich und ist nicht mal eben schnell in einem Kapitel geklärt. Wenn du dich hier also mehr mit befassen möchtest, dann stöbere doch mal in den bereits existierenden Büchern zu diesem Thema. Doch glaube niemandem, der dir sagt, Wünsche fallen vom Himmel.

Über die Akasha Chronik kann man sich ganz wunderbar mit seinen Manifestationen verbinden. Vor allem dann, wenn Wünsche und große Träume auf sich warten lassen, können dir deine Wesen aus der Akasha Chronik sagen, woran das liegen könnte. So weißt du konkret, an welchem Ursprung oder Kern du noch arbeiten darfst, damit deine Manifestation nun aber auch endlich mal in deine Realität findet.

Häufig sind es unsere eigenen Zweifel, Ängste, inneren Blockaden oder Unsicherheit, die Manifestationen verlangsamen oder blockieren. Mithilfe deiner Akasha Chronik kannst du diese dann aber ergründen und ggf. auflösen. Du bestärkst somit deine Manifestationen und beschleunigst sie möglicherweise auch.

Es könnte aber auch passieren, dass du durch die Arbeit mit deiner Akasha Chronik feststellst, dass deine Wünsche gar nicht in dein Leben passen, dass du die Träume von anderen Menschen lebst oder diese Träume hast, um andere glücklich zu machen – nicht aber dich selbst! Auch solche Erkenntnisse sind wichtig, um dir Klarheit zu schaffen und um eine Zukunft zu kreieren, die dich wahrhaftig und tief erfüllen kann.

Liebe Akasha Chronik, was bedeutet MANIFESTIEREN denn aus eurer Sicht?

„MANIFESTIEREN IST DAS BEWUSSTE LENKEN der eigenen Realität. Es ist die Entscheidung, das Leben nicht einfach hinzunehmen, so wie es kommt, sondern selbst zu entscheiden, welche Richtung und welche Wege man gehen möchte. Manifestieren bedeutet selbstverantwortliches Handeln gepaart mit der Unterstützung der machtvollen Kraft der Quelle. Denn sendest du klare Botschaften aus, für welchen Weg und welche Richtung du dich entschieden hast, dann werden alle Hebel in Bewegung gesetzt, dass du diesen Weg auch für dich erfahren kannst. Ob du damit zufrieden bist, ob der Weg dich glücklich macht und ob es die Richtung ist, die du wirklich im Leben beibehalten willst, wirst du selbst herausfinden. Doch du darfst diese Erfahrungen alle machen, wenn du sie machen möchtest, und wirst dabei auch noch unterstützt. Denn es steht dir zu, frei zu entscheiden, wie du diese Reise auf der Erde gestalten möchtest. Wir wollen alle nur dein Bestes und werden dir helfen, die richtige Richtung zu finden. Doch wenn du beginnst zu manifestieren, dann entscheidest du selbst, was du alles erleben möchtest. Es sind dir hierbei auch keine Grenzen gesetzt. Allein die, die Chaos auf allen Ebenen verhindern wollen. Doch du verdienst alles, was du dir wünschst, und es sei dir gegeben. Doch du musst selbst einen Schritt vor den anderen setzen. Du musst selbst deine Energie in eine bestimmte Richtung lenken und diesen Weg einschlagen. Du musst selbst bestimmte Entscheidungen treffen, die dir sonst keiner abnehmen kann. Manifestieren bedeutet nicht abgeben, sondern vielmehr losgehen und leben. Alles Weitere wird zu dir finden, wenn du im tiefen Vertrauen bist, dass das genau der richtige aktuelle Weg ist. Doch niemand wird deinen Körper für dich bewegen, niemand die Verbindungen deines Verstandes aktivieren und niemand dir eine Entscheidung abnehmen. Manifestieren beginnt bei dir selbst, immer. Erst danach kann die geistige Unterstützung einsetzen."

6

Zwischenmenschliche Beziehungen

Das Zusammenleben mit anderen Menschen auf diesem Planeten beeinflusst unsere eigene Inkarnation erheblich. Denn wir wachsen mit den verschiedensten Menschen auf, wir begegnen so gut wie jeden Tag anderen Menschen, mal mehr mal weniger intensiv, mal nur durch einen kurzen Blickkontakt an der Kasse und mal durch intensive Gespräche, die sich in der Warteschlange ergeben. Dabei hat jede Begegnung und eine daraus (möglicherweise) entstehende Verbindung zu einem Menschen einen Einfluss auf unsere eigene Entwicklung. Wie stark dieser Einfluss teilweise sein kann, hast du im vorherigen Kapitel gelesen! Hier ging es vorwiegend darum, wie du durch das Aufarbeiten von Geschehenem in dieser Inkarnation in deinem Leben eine aktuelle Veränderung bewirken kannst.

Doch lass uns jetzt mal in die Bedeutung von den zwischenmenschlichen Beziehungen in deinem Leben abtauchen und wie du hier Klarheit für dich findest, ohne den freien Willen eines anderen Menschen zu missachten. Was dir – nur nochmal zur Erinnerung – über die Akasha Chronik eh nicht gelingen wird. Solltest du es versuchen, bekommst du vielleicht für ein paar Tage Hausverbot. Ich habe meine Akasha Chronik mal aus purer Neugier gefragt, was passieren würde, wenn man versucht, über sie negative Magie auszuüben. Als Antwort bekam ich von meiner Hüterin eine Geste á la Professor McGonagall. Ihre Brille (sonst trägt meine Hüterin keine) ist bis an ihre Nasenspitze gerutscht, sie schaute mich mit hochgezogenen Augenbrauen an und meinte: „Ich weiß, du bist nur neugierig, aber du solltest deine Nase nicht dort reinhalten, wo du den Geruch womöglich nicht ertragen kannst!“ Damit war das Gespräch beendet.

Halten wir nochmal fest, dass so gut wie jede Begegnung mit einem anderen Menschen eine gewisse Bedeutung in deinem Leben hat. Hier ein paar Beispiele, um es dir etwas anschaulicher zu erklären:

1. Eure Seelen kennen sich aus einem früheren Leben und/oder ihr stammt aus derselben Seelenfamilie und ihr habt euch in dieser Inkarnation verabredet, damit ihr euch gegenseitig auf eurem Seelenweg unterstützen könnt.
   Beispiel: Die Seele deiner besten Freundin ist Mitglied deiner Seelenfamilie. Bevor ihr beide entschieden habt, wieder auf der Erde zu inkarnieren, habt ihr eure gegenseitigen Inkarnationspläne durchgesprochen. Die Seele deiner Freundin hat an deiner Seite die Aufgabe unternommen, dich dabei zu unterstützen, aus toxischen Beziehungsmustern herauszufinden, weil deine Seele lernen wollte, wie es sich

anfühlt, von anderen Menschen abhängig zu sein, um sich anschließend wieder daraus befreien zu können.

2. Eure Seelen kennen sich aus einem früheren Leben (und/oder ihr stammt aus derselben Seelenfamilie), in dem ihr Karma aufgrund einer oder mehrerer Situationen gesammelt habt. Ihr habt euch in dieser Inkarnation verabredet, um dieses Karma nun aufzulösen.
   Beispiel: Mit der Seele des Menschen, mit dem du in einer Liebesbeziehung lebst, hast du, wie sich vor allem in Diskussionen oder Streitereien zeigt, eine eher komplizierte Verbindung. Ihr findet nicht auf einen Nenner, spiegelt eure Emotionen und oftmals eskaliert es so stark, dass ihr Tage braucht, bis ihr euch wiederannähern könnt. In einem früheren Leben wart ihr in einer sehr ähnlichen Situation, doch anstatt euer Kommunikationsproblem zu lösen, habt ihr euch den Rücken zugekehrt. Der schwelende Kummer und Zorn sind in eurer Verbindung dadurch möglicherweise noch spürbar, vor allem, wenn es zu erneuten Streitereien kommt, die sich dann schnell ins Extreme hochschaukeln. Kennzeichnend für solche Erfahrungen aus früheren Leben ist, dass man sich oftmals gar nicht erklären kann, wie es denn zu einem solch heftigen Streit gekommen ist. Eure beider Seelen können sich vor dieser Inkarnation also verabredet haben, um euer Kommunikationsproblem endlich zu lösen, euch nicht wieder den Rücken zuzukehren, euch auf Augenhöhe zu begegnen und dadurch auch das Karma zwischen euren Seelen zu lösen.

3. Zufallsbegegnungen mit anderen Seelen, die neue Aufgaben, Herausforderungen, Chancen und Möglichkeiten für diese Inkarnation aufdecken.

Bevor du inkarnierst, suchst du dir übrigens auch die Ahnenlinie aus, in die du hineingeboren wirst, und somit auch deine Eltern, Geschwister und auch die Erlebnisse, die du dadurch möglicherweise mit deiner Familie sammeln wirst. Das kann echt harter Tobak sein, gerade dann, wenn man wirklich richtig schlimme Dinge in seiner Kindheit erleben musste. Doch auch hier gilt, dass jeder Mensch aus seinem freien Willen heraus handelt und deine Seele in deinem menschlichen Körper manchmal mit Dingen konfrontiert wird, die so nicht ganz geplant waren.

Egal, um welche Seelenbegegnung es sich hier auf der Erde handelt, du kannst dir alle über deine Akasha Chronik anschauen, um für dich Klarheit zu finden. Nicht nur über eine Seelenbegegnung, sondern eben auch über die Ereignisse sowie Situationen, die mit dieser Begegnung einhergehen. Es ist nicht schön und oftmals sehr traurig oder schwer zu begreifen, wenn einem durch anderen Personen Leid zugefügt wird, egal ob physisch, psychisch oder seelisch. Oftmals kann es helfen zu wissen, dass diese Menschen, die dir hier unten am meisten wehtun oder dich am schlimmsten verletzen, die Seelen sind, die dir auf geistiger Ebene am nächsten stehen. Warum? Weile eure tiefe und starke Verbindung auch sehr schwere menschliche Ereignisse überstehen wird.

Manchmal sind es aber auch Zufallsbegegnungen, die mit gewissen Erfahrungen oder Aufgaben zusammenhängen, durch die unsere Seele hier auf der Erde einen großen Wachstumssprung erlangen möchte. Warum sich deine Seele manchmal schwere Ereignisse aussucht? Frag das bitte jemanden, der darauf eine Antwort hat.

Und manchmal geschehen Situationen oder Dinge in unserem Leben, die rein auf den freien Willen eines Menschen zurückzuführen sind und deren Ursache wirklich rein gar nichts mit uns selbst zu tun hat, sondern allein mit der anderen Person. Doch auch solche Erfahrungen werden uns im Leben immer weiterbringen, auch wenn jede Erfahrung ihre eigene Zeit zur inneren und manchmal auch äußeren Heilung benötigt.

Zusammenfassend kann man hier also festhalten, dass Begegnungen mit anderen Seelen in einem menschlichen Körper entweder zur Unterstützung dienen oder sie Lernerfahrungen mit sich bringen. Dabei begegnest du häufig Seelen, mit denen du dich vor Beginn verabredet und eure Inkarnationen geplant hast. Jedoch sind ebenso häufig auch Zufallsbegegnungen möglich, denn sowohl du als auch jeder andere Mensch besitzt einen freien Willen und trifft dadurch auch eigenständige Entscheidungen, die unabhängig von den Plänen deiner Seele sein können.

Und nochmal, du kannst dir jede einzelne Begegnung über deine Akasha Chronik anzeigen lassen. Auch mit all ihren Aufgaben, Herausforderungen und Chancen, die eure Begegnung mit sich bringt – geplant oder ungeplant. Du kannst euer gemeinsames Band betrachten und gegebenenfalls auch energetische Verbindungen lösen/trennen, wenn eine gemeinsame Zeit mal vorüber ist.

Was du jedoch nicht machen kannst, ist etwas bei einem anderen Menschen, egal wie nahe er dir steht, ohne seine ausdrückliche (bewusste) Einwilligung zu bearbeiten. Selbst wenn deine Intention aus besten Gründen heraus besteht, funktioniert das nicht. Denn der freie Wille eines Menschen ist sein höchstes Gut.

HIERZU möchte noch Folgendes aus Sicht meiner Akasha Chronik ergänzt werden:

„EINE BEGEGNUNG VON VERSCHIEDENEN SEELEN kann man sich vorstellen wie eine Verknüpfung, die durch diese Begegnung auf energetischer Ebene entsteht. Je mehr Verknüpfungen eine Seelenbegegnung hat, desto stärker ist auch das Band zwischen zwei Seelen. Ähnlich wie bei einem Teppich, der mit Garn geknüpft wurde. Dabei steht jeder Punkt in der Verknüpfung für eine stärkende gemeinsame Erfahrung oder für entstandenes Karma beziehungsweise eine prägende Erfahrung, möglicherweise eher im negativen Kontext.

Auf einer erhöhten Bewusstseinsebene können alle Verknüpfungen einer Seelenverbindung betrachtet werden. Man kann hieraus ablesen, welche positiven und auch negativen Verknüpfungen zwischen zwei Seelen bestehen. Schwere, negative oder karmabelastete Verknüpfungen können durch verschiedene Vorgehensweisen bereinigt werden, die Verknüpfung an sich bleibt aber bestehen. Es verändert sich einfach das Gefühl sowie die Frequenz an diesem Punkt. Durch diese emotionale Veränderung kann sich jedoch das ganze Konstrukt aller gemeinsamer Verknüpfungen verändern und eine Seelenverbindung im Ganzen energetisch bereinigen. Nennen wir es doch der einfachheitshalber den 'Karma-Teppich', den jede Verbindung zweier oder auch manchmal mehrerer Seelen zugrunde liegt. Man kann hier die Grundenergie ändern, jedoch nicht den Teppich an sich, und das ist sehr wichtig. Denn dieser 'Karma-Teppich' beruht auf Erfahrungen, die manchmal älter als so mancher Planet sind, und dadurch eine sehr starke Verbindung festgehalten wird."

Der freie Wille des Menschen

Ein Gesetz des Universums, was wirklich nur durch sehr starke negative Magie gebrochen oder ausgedehnt werden kann, ist das „Gesetz des freien Willens". Da sowohl du als auch ich zu den lichtvollen Hexen hier auf der Erde gehören, nutzen wir solche Form der Magie natürlich nicht. Jedoch stand auch ich schon häufig an einem Punkt, an dem ich einem meiner Herzensmenschen einfach nur helfen wollte, aber mir waren die Hände gebunden, denn ich hatte keine Einwilligung, in die Chronik meines Herzensmenschens einzuchecken. An dieser Stelle sei gesagt, dass wir auch nicht jedem helfen können, und dies auch nicht müssen. Egal wie lieb wir unsere Familie, Freund:innen und Partner:innen haben, jeder übernimmt Verantwortung für sein eigenes Leben.

Ich persönlich habe mir einen kleinen Trick angeeignet, wenn ich doch mal keine andere Möglichkeit sehe, und diesen möchte ich dir hier gerne ebenfalls mitgeben. Es gibt Menschen, die sind für die spirituelle Arbeit nicht offen oder weigern sich auch einfach schlicht, sich helfen zu lassen. Bekomme ich dann aber auf verschiedenen Wegen mit, dass es einem dieser Personen schlecht geht, dann verbinde ich mich über meine eigene Akasha Chronik mit dem höheren Selbst dieser Person.

Ein Mini-Exkurs zum Thema höheres Selbst: Das *höhere Selbst* ist, ganz einfach erklärt, eine gewisse Zukunftsversion von uns selbst, die schon auf energetischer Ebene existiert, zu der man sich hier unten auf der Erde aber noch entwickeln darf. Je nachdem wie stark wir dazu bereit sind, kann sich unser höheres Selbst auch immer wieder verändern und uns demnach in gewisser Weise auch offenbaren, was für uns in Zukunft noch alles möglich sein kann. **Jeder Mensch hat auf geistiger Ebene ein höheres Selbst, wirklich jeder!**

Zurück zum eigentlichen Thema. Erscheint dann das höhere Selbst in meiner Chronik, bitte ich um Informationen, wie ich diesen Menschen energetisch unterstützen kann, ohne etwas in seinem System zu verändern oder seinen freien Willen zu missachten. Manchmal frage ich auch konkret nach, ob ich Heilung, heilende Energie oder andere energetische Unterstützung schicken darf, mache also schon konkrete Vorschläge. Und dann respektiere ich, welche Antworten ich von dem höheren Selbst erhalte, und entscheide nicht eigenmächtig, was ich selbst persönlich für das Richtige halten würde. Ich mache genau das, was mir vom höheren Selbst hier gesagt oder gezeigt wird. Verneint das höhere Selbst mein Angebot der Unterstützung, dann akzeptiere ich das ebenso und ziehe mich zurück. Wenn das höhere Selbst mir sagt, dass unterstützende Energie nur oberflächlich gewollt ist, damit sich der physische Körper entspannen kann, ich aber keine Energie an den Körper selbst schicken darf, dann tue ich auch das. Denn was ich niemals, wirklich niemals tue, ist etwas, worüber ein anderer

Mensch in seinem vollen Bewusstsein nicht Bescheid weiß. Auf diese Weise, die ich dir gerade beschrieben habe, konnte ich aber ein paar Herzensmenschen immer wieder in ihrem Prozess begleiten und unterstützen – zumindest ein bisschen.

Streitsituationen sind weitere Situationen, in die das höhere Selbst eines anderen Menschen enorm viel Klarheit bringen kann. Vielleicht kennst du das von deinen Geschwistern, deinen Eltern und auch von Situationen mit deiner/deinem Partner:in. Ihr diskutiert euch die Birne heiß und den Mund fusselig, aber ihr findet einfach nicht auf einen gemeinsamen Nenner oder redet ständig aneinander vorbei. In solchen Situationen ist es oftmals klüger, auseinanderzugehen, Klarheit über seine eigenen Gedanken zu gewinnen und dann erst wieder sachlich zu einem Gespräch zusammenzukommen, bevor man im emotionalen Wetteifer vielleicht Dinge sagt, die man hinterher bereut.

In einer solchen Situation ist es sehr hilfreich, mit dem höheren Selbst der anderen Person Kontakt aufzunehmen. Dies solltest du jedoch erst dann tun, wenn du selbst wieder etwas heruntergekühlt bist und eine klare, sachliche Sicht auf den Streit oder Situation hast. Hier kannst du dann in Erfahrung bringen, was hinter dem Schleier der Emotionen der wahre Kern ist, um so deinen Gegenüber vielleicht etwas besser verstehen zu können. Außerdem könntest du aufgrund der Informationen die andere Person vermutlich ganz anders in eurer Diskussion ansprechen und somit das Finden einer Lösung begünstigen.

Manchmal muss man sich nur zu helfen wissen!

Ich gebe die Frage an meine Akasha Chronik weiter:

Habt ihr eine wichtige Anmerkung zum FREIEN WILLEN des Menschen?

„**DER FREIE WILLE EINES MENSCHEN** und anderer Wesen ist ein universelles Gesetz. Der Versuch, ihn zu brechen oder zu umgehen, um jemand anderen zu schaden, mag vielleicht mit dunkler Macht manchmal funktionieren. Doch langfristig ist der Schaden bei einem selbst durch das Ausüben dieser dunklen Macht viel größer und hinterlässt tiefe Wunden in der Seele. Denn die Seele muss den entstandenen Schaden irgendwann ausbügeln. Die Frage, die sich jeder stellen sollte, der hier in Versuchung gerät, ist: Bist du bereit, die Last deines Vergehens zu tragen, wenn du jemanden seinen freien Willen absprechen willst? Die Antwort ist ganz einfach."

Seelenfamilie vs. erdgebundene Familie

Gerade was den Unterschied zwischen unserer Seelenfamilie und unserer erdgebundenen Familie angeht, möchte ich noch ein bisschen mehr Klarheit für dich schaffen. Deine erdgebundene Familie hat noch einen anderen Namen: deine Ahnenlinie. Als Seele wirst du hier bewusst in eine Ahnenlinie hineingeboren. Möglicherweise bist du sogar nicht zum ersten Mal Teil dieser Linie. Deine Seele sucht sich eine Ahnenlinie aufgrund ihrer Aufgaben, Verstrickungen und auch Möglichkeiten zur Heilung sowie Befreiung aus. Welche Aufgaben du dir ausgesucht hast, die du innerhalb deiner Ahnenlinie übernehmen wolltest, kannst du ganz wunderbar über deine Akasha Chronik in Erfahrung bringen, damit du dich diesen nicht nur annehmen, sondern diese Aufgaben auch bewältigen kannst. So wie sich deine Seele Aufgaben aussucht, so wählt sie auch gewisse Erfahrungen, die sie durch die Familie, in die sie hineingeboren wurde, sammeln wird.

Nochmal zur Erinnerung: **Nicht alles ist vor einer Inkarnation planbar.** Entwickelt sich der Verstand, das Ego und der Schmerzkörper eines Menschen, dann erlaubt der freie Wille Handlungen, die möglicherweise fernab vom Seelenplan liegen. Das ist wichtig, an dieser Stelle nochmal zu erwähnen, denn es gibt wirklich sehr schwere Erlebnisse, die eine Seele schon in frühen Jahren ihrer Kindheit hier auf der Erde erleben muss. Die Aussage: „Deine Seele hat sich das aber so ausgesucht!", ist da in den meisten Fällen nicht nur total fehl am Platz und verletzend, sondern entspricht oftmals auch einfach nicht der Wahrheit. Es kann durchaus vorkommen, dass deine Seele auch mal Schmerz oder Leid erfahren wollte, um hier eine wichtige Eigenschaft für ihren weiteren Weg zu erlernen. Doch manchmal ist die Seele einem anderen frei denkenden Menschen einfach ausgeliefert und muss dementsprechend handeln und reagieren. Doch nicht in jedem Alter oder in jeder emotionalen Lage kann man hier auf rationales Handeln zurückgreifen.

Mit deiner erdgebundenen Familie/Ahnenlinie bist du außerdem über deinen Körper, dein Blut sowie deine Gene verbunden. **Deine Seelenfamilie ist feinstofflich**, hier existieren keine körperlichen Verbindungen. Laut meinem geistigen Team ist die Seelenfamilie verbunden aufgrund gemeinsamer Erfahrungen und einer sehr tiefen Emotion, die Seelen durch diese Erfahrungen miteinander verbindet. Die Seelenfamilie schließt sich also vollkommen freiwillig zusammen, und es kann durchaus auch mal vorkommen, dass sich ein Mitglied in eine andere Familie verabschiedet. In meiner Familie ist das wohl aber schon sehr lange nicht mehr vorgekommen. Ob ein solcher Wechsel in Liebe, Neutralität oder negativer Energie stattfindet, kann ich dir nicht sagen – aber vielleicht magst du das ja ganz einfach mal für dich herausfinden!

So und jetzt wird's knifflig: Wo kann man denn die Grenze ziehen zwischen Seelen- und erdgebundener Familie? Gar nicht, denn beides kann sich natürlich auch immer wieder überlappen. Mitglieder deiner Seelenfamilie können mit dir hier inkarniert sein, um dir zu helfen, deine Inkarnation auf beste und höchste Weise zu erleben und zu erfahren. Sie können in deine erdgebundene Familie inkarniert sein, in deine Freund:innen, deine Arbeitskolleg:innen und auch in deine Liebesbeziehungen. Deine Seelenfamilie kann aber auch in Menschen inkarniert sein, die du vielleicht total doof findest oder die dir so richtig auf den Kecks gehen. Begegnungen mit Seelen deiner Seelenfamilie können durchaus positiv, unterstützend und liebevoll sein, manchmal aber auch schmerzhaft, lehrreich und kurzweilig. Bei Begegnungen mit deiner Seelenfamilie hier auf der Erde wirst du möglicherweise (egal, wie toll die Begegnung ist) eine gewisse tiefere Verbindung spüren. Das kann sich beispielsweise durch sehr starke Emotionen bemerkbar machen. Doch nicht jede Begegnung mit deiner Seelenfamilie ist nur für dich wichtig, sondern eben auch für die andere Seele. Manchmal bist DU die Schlüsselbegegnung, der wichtige Impuls oder die richtungsweisende Person in einem Moment der Umkehr im Leben. Sei dir darüber immer bewusst, wenn du auf andere Menschen stößt, zu denen du dich stark verbunden fühlst. Eure Begegnung beruht auf Gegenseitigkeit.

Da deine Seelenfamilie nicht selten aus Hunderten von Seelen besteht, von denen häufig nur ein Teil mit dir inkarniert, ist es oft müßig, alle einmal kennenzulernen bzw. dich an sie zu erinnern. Das kannst du tun, wenn du irgendwann wieder zu ihnen nach Hause gehst. Was aber sehr interessant und auch wichtig für deine aktuelle Inkarnation sein kann, ist herauszufinden, wer aus deiner Seelenfamilie mit dir auf der Erde zum aktuellen Moment inkarniert ist, welche Aufgaben und Chancen ihr euch gemeinsam ausgesucht habt, und natürlich, welche Personen deine Seelenfamilie hier unten auf der Erde verkörpern. Hier kommt es ganz oft zu ganz vielen AHA-Momenten!

7

Die Vergangenheit betrachten

Natürlich zählt unsere Kindheit und alles, was seit unserer Geburt geschehen ist, ebenfalls zu unserer Vergangenheit. Doch ich möchte mit dir noch ein bisschen weiter zurückgehen. Denn unsere Seele hat schon so viel mehr erlebt, als dir dein Verstand möglicherweise gerade erlaubt zu realisieren. Es gab schon Akasha Chronik Sitzungen, bei denen ich mit Klient:innen bis in die Steinzeit zurückgereist bin. Bei der Betrachtung von früheren Leben, Ahnenthemen oder Leben auf anderen Planeten ist mir eines sehr wichtig zu wiederholen: Bitte reise nicht ohne konkreten Grund in die Vergangenheit. Dein Leben findet heute, in der Gegenwart und nicht tausend Jahre zurück statt. Ich halte es auch für äußerst unklug, sich Leben anzuschauen, die schon lange aufgearbeitet wurden. Denn in frühere Inkarnationen zu reisen, kann dich immer etwas aufwühlen. Also stell dir bitte immer die Frage: Warum möchtest du dir dieses Leben, die Ahnenthemen oder das Leben auf einem anderen Planeten anschauen? Was ist deine konkrete Intention? Wenn die Antwort lautet, dass dir gerade langweilig ist und du einfach mal schauen möchtest, was du in der Vergangenheit so getrieben hast, dann lass es bitte sein.

Denn stell dir mal folgende Situation vor: Du reist aus purer Langeweile in ein Leben aus dem 14. Jahrhundert. Du beobachtest, wie deine Seele damals ein kleines Mädchen war, hungernd auf der Straße saß, hilflos ohne ihre Eltern, weil diese schon vor sehr langer Zeit gestorben sind. Das Mädchen hält nur noch eine sehr schwache Schnur aufrecht, die sich Überlebenswille nennt. Und hiermit beschreibe ich noch eine sehr harmlose Situation, die dich trotzdem mitnehmen wird, zum Nachdenken bringt und etwas in deinem Unterbewusstsein abspeichert. Denn du wirst realisieren, dass es sich hierbei um eine wahre und echte Erfahrung deiner Seele handelt. Möglicherweise schießt dann auch der Gedanke in deinen Kopf, dass ja jetzt einiges klar wäre, warum du dich immer so hilflos fühlst. Vielleicht steigerst du dich etwas in diese frühere Erfahrung hinein, anstatt den Kern der Ursache zu ergründen. Deine Gegenwart wird also eher erschwert, anstatt erleichtert. Und ich finde, wir haben schon genug Themen aus dieser aktuellen Inkarnation. Da müssen wir uns nicht auch noch mit Themen aufladen, die wir eigentlich schon längst abgehakt haben.

Und jetzt stell dir mal folgende Situation vor: Du stößt immer wieder auf das Gefühl der Hilflosigkeit und das Gefühl, vollkommen allein im Leben zu sein, wenn du etwas ohne die Unterstützung von anderen erledigen musst. Du befragst deine Akasha Chronik, woher diese schweren, negativen

Emotionen kommen, und du wirst DANN in das Leben des kleinen Mädchens zurückgeführt, in der du die Emotion der Hilflosigkeit nun auflösen kannst. Du bereinigst also nicht nur deine damalige Inkarnation, sondern erzielst ebenfalls eine neue Leichtigkeit in deiner Gegenwart. Denn du hast den Kern der Hilflosigkeit in deiner Gegenwart bereits erkannt und möchtest etwas daran ändern. Das Leben des Mädchens wird nun einen ganz anderen Eindruck bei dir hinterlassen, weil du aktiv eine Blockade deiner Seele auflösen konntest, anstatt dir einfach nur ein schweres Leben anzusehen. Das nennt sich nachhaltiges Arbeiten über die Akasha Chronik! Und genauso solltest du die Arbeit mit der Akasha Chronik auch ausüben. Du bemerkst ein aktuelles Problem und nimmst es zum Anlass, deine Vergangenheit zu bereinigen. Du stößt heute auf eine innere Blockade, schwere Emotionen oder andere Hürden, die dich auf deinem Weg hindern und die der Grund sind, um über die Akasha Chronik den Kern der Ursache zu erfahren, damit du sie auflösen kannst.

Doch du weißt allerdings nie wirklich, wo der Kern deiner Probleme liegt, wenn sie nicht aus dieser Inkarnation stammen. Lerne also mit der Zeit, dich von deiner Akasha Chronik führen zu lassen, anstatt selbst die Kontrolle zu übernehmen. Deine Geistwesen der Chronik wissen ganz genau, wo du hinschauen und was du auflösen darfst.

Die Sache mit früheren Leben

Lass uns das Thema mit den früheren Leben noch etwas intensivieren. Mir ist bewusst, dass das ein äußerst spannendes Thema ist und es dir bestimmt schon in den Fingern juckt, die Reise in frühere Leben zu beginnen. Doch erinnere dich immer: Nimm immer die Gegenwart zum Anlass, um durch das Auflösen früherer Erlebnisse mehr Leichtigkeit zu erzielen. Auch möchte ich dir an dieser Stelle sagen, dass du ja nicht nur schwere, schreckliche oder traumatisierende Leben hinter dir hast, sondern durchaus auch unheimlich schöne, lehrreiche und spannende Erfahrungen sammeln konntest. Zu Übungszwecken, um mit der Vorgehensweise bei früheren Leben vertraut zu werden, lasse dir von deiner Chronik doch genau solche Leben zeigen. Das kann dich durchaus an deine innere Weisheit, deine Stärke sowie die tausend Facetten deiner Seele erinnern. Natürlich kannst du auch fragen, ob du schon mal eine berühmte Persönlichkeit warst oder etwas positiv Bewegendes kreiert hast. Tue das aber nicht, um dein Ego zu streicheln, damit du dich anschließend damit brüsten kannst. Auch das ist nicht Sinn der Sache. Bekommst du beispielsweise die Information, dass deine Seele mal Van Gogh war, dann ist das eine mögliche Erklärung, warum du unheimlich künstlerisch begabt bist. Es ist aber kein Grund, dir ein Instagram Profil zu erstellen und dich als Wiedergeburt des verstorbenen Künstlers zu brüsten. Das hat wenig mit spirituellem Wachstum, sondern vielmehr mit Streben nach Anerkennung zu tun.

Beim Reisen in frühere Leben darfst du außerdem wissen, dass deine Seele grundsätzlich erstmal geschlechtsneutral ist. Du wirst dich also in früheren Leben sowohl in einem Körper als Mann als auch als Frau wiedererkennen. Egal welches

Geschlecht du jetzt gerade hast oder ob du dich überhaupt einem Geschlecht zuordnest, du vereinst auch in deiner aktuellen Inkarnation sowohl weibliche als auch männliche Anteile in dir. Weibliche Anteile, die es dir ermöglichen, fürsorglich zu sein, dich um andere zu kümmern oder dich deinem spirituellen Erbe zu öffnen. Männliche Anteile, die es dir ermöglichen, Führung zu übernehmen, das Leben zu strukturieren oder logische, rationale Zusammenhänge zu erkennen. Egal welches Geschlecht du hast, du trägst immer beide Anteile in dir und du musst keine davon unterdrücken, um eher männlich oder eher weiblich zu sein. Allen voran machen dich diese Anteile zu einem individuellen Bewusstsein. Möchtest du dich hiermit etwas näher befassen – und ich verspreche dir, das lohnt sich – dann beschäftige dich gerne mit den Archetypen nach dem Psychologen C.G. Jung.

Vielleicht hast du dich schon mal mit dem Thema ***Rückführung*** beschäftigt oder sogar selbst erlebt. Die Arbeit mit früheren Leben über die Akasha Chronik gestaltet sich etwas anders. Mit der Akasha Chronik zu arbeiten, läuft auf einer anderen, bewussteren Ebene ab. Bei einer klassischen Rückführung wirst du in der Regel in eine tiefe Meditation versetzt, der Erinnerungsspeicher deiner Seele wird geöffnet (auf welche Weise auch immer) und du erlebst ein früheres Leben nochmal so, als wärst du wahrhaftig anwesend. Diese Erfahrung ist sehr intensiv, auch auf körperlicher Ebene. Öffnest du ein Leben über deine Akasha Chronik, dann betrachtest du alles mit etwas mehr Distanz, denn du bist mit deinem vollen Bewusstsein in der Gegenwart und gleichzeitig in deiner Akasha Chronik. Das macht die Erfahrung mit einem früheren Leben nicht weniger intensiv, allerdings fühlt man sich dem Leben für den Zeitraum des Betrachtens nicht vollkommen ausgeliefert. Ich denke, dass es eine sehr individuelle Sache ist, ob man gerne Rückführungen macht oder mit der Akasha Chronik arbeitet. Das eine schließt das andere allerdings nicht aus.

Lass mich dir von einem der kraftvollsten Leben erzählen, welches ich in den vergangenen Jahren in meiner Chronik anschauen sowie auflösen durfte. Ich wurde zurückgeführt in ein Leben, welches ich ca. Mitte des 15. Jahrhunderts geführt hatte. Ich sah mich in einem kleinen Haus, wo ich mich um einen Jungen – meinen Sohn – kümmerte, der im Fieber lag. Mir fehlten ein paar Zutaten für einen heilenden Trank, sodass ich ihn damals lediglich mit heilender Energie versorgen konnte. (Auch heute übe ich wieder diese Art der Energieheilung in Form von Reiki aus. Das Spannende ist, dass mir Reiki vom ersten Moment an sehr leichtfiel und es schon während meiner Ausbildung im Jahr 2021 zu einer Selbstverständlichkeit meines Alltages wurde.)

Der Körper meines Sohnes brauchte nun aber spezielle Medikamente. Also zog ich los und war plötzlich an einem riesengroßen Haus, in dem augenscheinlich wohlhabende Menschen lebten. Es stellte sich heraus, dass in diesem Haus ein Mann wohnte, dessen Frau sehr krank war. Ich wurde zur Heilung gerufen, da ich in dem Dorf zwar als Hexe verpönt war, die Menschen jedoch auf meine Heiltränke sowie Heilkräfte angewiesen waren. Jedoch konnte ich die Frau des Mannes nicht mehr heilen, da der Körper schon zu kaputt war und die Seele der Frau schon lange beschlossen hatte, dass sie gerne in eine andere Dimension übergehen möchte.

Je mehr ich das Leben betrachtete, desto mehr fügten sich Puzzle-Teile zusammen. Die Frau, die im Sterben lag, war damals meine Schwester. Ihr Mann der Vater meines Sohnes. Es handelte sich (natürlich) um ein uneheliches und geheimes Kind, da der Mann meine Schwester mit mir betrogen hatte. Als ich nun wieder an dem Haus ankam, um Medikamente für meinen Sohn zu erbitten, wurde ich als bösartige Hexe, Lügnerin und Scharlatan aufgehalten und eingesperrt. Die Wut des Mannes auf mich war sehr groß, weil er seine Frau, meine Schwester, verlieren würde, die ich nicht heilen konnte. Außerdem gefährdete ich durch meine Präsenz die mögliche Offenbarung des unehelichen Kindes nicht nur die Ehe des Mannes mit meiner Schwester, sondern auch seinen angesehenen Ruf. Letztendlich wurde ich wenige Tage nach der Festnahme im Keller des Hauses ermordet und habe es nie zurück zu meinem Sohn geschafft.

Aufgrund des schrecklichen Endes dieses früheren Lebens hatte ich heute noch eine innere Blockade, mich mit meinen Fähigkeiten als Hexe sichtbar zu zeigen. Ich löste einen Glaubenssatz sowie die zugehörige Emotion und fühlte mich direkt leichter, über meine spirituellen Angebote zu sprechen. Außerdem trug ich eine schwere Schuld in mir, meinen Sohn vermutlich zum Sterben allein gelassen zu haben. Meine Seele durfte eine tiefe Heilung erfahren, als mir die Seele meines Sohnes Vergebung schickte. Ich konnte zusätzlich eine tiefe Blockade in Bezug auf Männer heilen, denn ich hatte lange in Beziehungen das Problem, mit Verlustängsten kämpfen zu müssen. Dieses eine Leben hat mir so viel Schwere in der aktuellen Inkarnation beschert. Doch als ich mich dem Leben gewidmet, die Schatten betrachtet und aufgelöst hatte, sind viele schwere Steine von meinem Herzen gefallen. Die Anhaftungen, die wir in unserer Seele durch frühere Erlebnisse tragen, sind nicht zu unterschätzen und können einen großen Einfluss auf unsere aktuelle Entwicklung haben.

Meine Akasha Chronik möchte dir zum ARBEITEN MIT FRÜHEREN LEBEN noch Folgendes sagen:

„DEINE SEELE HAT SCHON SEHR VIEL ERLEBT. Möglicherweise mehr, als du jemals mit deinem menschlichen Verstand begreifen wirst. Doch all die Erfahrungen existieren in der Vergangenheit und gleichzeitig präsent in dir drin. Denn sie sind Teil deiner Seele. Manche davon stärken die Energie deiner Seele und manche schwächen sie. Wirst du immer wieder auf diese Schwächen hingewiesen, dann wird es Zeit, einen Blick in deine Seele zu werfen. Öffnest du ein früheres Leben an deinem heiligen magischen Ort, der dir als Akasha Chronik bekannt ist, dann wird es sich zwar anfühlen wie ein vergangenes Ereignis, jedoch siehst du es in der Gegenwart. Das aktuelle Zeitgefüge, wie du es kennst, existiert allein auf der Erde und wenigen anderen Planeten. Versuche es dir nicht zu erklären, und schon gar nicht durch deinen Verstand. Genieße einfach die Möglichkeit, die dir geschenkt wird. Denn durch das Aufarbeiten von früheren Erlebnissen kann deine Seele in der Gegenwart frei sein."

Wie du mit früheren Leben arbeiten kannst

Nun geht's ans Eingemachte. Mit früheren Leben zu arbeiten, ist nämlich unfassbar magisch und heilsam für dich sowie deine Seele. Beim Bearbeiten von früheren Leben darfst du dich ganz auf deine Akasha Chronik verlassen und jegliche Verantwortung abgeben. Denn deine Hüter sowie Meister wissen am besten, wie du vorgehen darfst, bei dem, was dir aus einem früheren Leben nochmals begegnet. Je mehr du die Kontrolle behalten möchtest, desto weniger offen bist du für die wahre Befreiung. Dein Ego und dein Verstand werden sich immer wieder einmischen, doch eigentlich sollte dein Herz dich führen. Deshalb ist es auch so wichtig, dass du dich vor der Verbindung mit deiner Akasha Chronik auf jeden Fall mit deinem Herz verbindest.

Du öffnest also deine Akasha Chronik und bittest deine Hüter, Meister oder persönlichen Geistwesen um eine Antwort auf ein aktuelles Problem. Der Kern deines Themas wurzelt in einem früheren Leben, also wird dich deine Chronik nun durch diese Ereignisse hindurchführen. Es kann sein, dass sich eine Tür zu dem Leben öffnen wird. Es kann sein, dass plötzlich eine Leinwand erscheint, auf dem das Leben wie ein Film abgespielt wird. Es kann aber auch sein, dass du ganz plötzlich das Gefühl hast, schon mittendrin als Teil des früheren Lebens zu sein. Bleibe ganz offen für das, was sich zeigen mag. Wichtig! Gerade in der Arbeit mit früheren Leben lautet die Königsdisziplin: Nachfragen! Denn auch, wenn deine Seele sich an die Erlebnisse erinnern wird, so sehen es deine inneren Augen sowie dein Verstand möglicherweise zum ersten Mal.

Folgende Fragen werden dir helfen, das Leben mit all seinen Zusammenhängen verstehen zu können:

- „Wo bin ich?"
- „Wer bin ich?"
- „Was sehe ich hier?"
- „Warum sehe ich das?"
- „Was hat meine Seele hier erlebt?"
- „Was ist der Kern meines Themas in diesem Leben?"
- „Wie kann ich mein Thema auflösen?"
- „Was muss ich in diesem Leben bearbeiten/auflösen, um mein Thema heilen zu können?"
- „Was muss ich hier verstehen?"
- „Wem muss ich vergeben?"
- „Wen muss ich um Vergebung bitten?"
- „Gibt es Glaubenssätze, die ich bearbeiten kann?"

Natürlich gibt es noch viele weitere Fragen. Diese Beispiele sollen dir für den Anfang lediglich eine kleine Hilfe sein. Mit der Zeit wirst du sowieso sehr individuell arbeiten und dich an keine festen Formulierungen mehr halten.

Stößt du auf Glaubenssätze, dann kannst du diese auf der Ebene deiner Seele genauso bearbeiten, auflösen sowie ersetzen, wie du es ein paar Kapitel vorher schon gelernt hast. Triffst du auf andere Seelen in einem früheren Leben, dann kannst du mit ihnen in Interaktion treten. So bekommst du die Möglichkeit, Vergebung zu erfahren, Gefühle zu ergründen oder um Verbindungen zu anderen Seelen trennen zu können, die dich aktuell noch halten oder belasten.

Wenn du etwas nicht verstehst oder in einer Situation nicht weißt, was du tun sollst, dann fragst du einfach die Geistwesen deiner Akasha Chronik um Rat.

Wenn ich mit früheren Leben arbeite, dann lasse ich mich komplett von meiner Chronik durch den Prozess durchführen, ohne ein einziges Mal die Kontrolle zu übernehmen. Je offener mein Herz dabei ist, desto klarer sind auch die Bilder, die Impulse oder die Anweisungen meiner Chronik. Je offener ich bin, desto eher lerne ich auch etwas Neues dazu. Denn unser Verstand ist begrenzt, die Akasha Chronik sowie andere Dimensionen sind es nicht.

Wirst du von der Akasha Chronik in ein früheres Leben geführt, dann gibt es in der Regel auch immer etwas zu ergründen sowie aufzulösen. Denn ein früheres Leben öffnet sich immer aus einem ganz bestimmten Grund. Für unseren Verstand würde es häufig ausreichen, wenn wir uns aufgrund eines früheren Lebens ein bestimmtes Problem, ein aktuelles Thema, eine Charaktereigenschaft oder eine Krankheit, die wir schon von Geburt an haben, einfach schon erklären könnten. Für unsere Seele, unseren Körper sowie all unsere Zellen darf aber in dem früheren Leben etwas verändert werden, damit wirklich ein ganz kraftvoller Prozess in Gang gesetzt wird, der sich auf sehr tiefgreifende Weise auf das aktuelle Leben auswirken wird. Mit der Zeit wirst du selbst merken, wie kraftvoll, wichtig und magisch die Arbeit mit früheren Leben ist.

Eide, Schwüre, Verträge und Gelübde

Wenn du beginnst, mit früheren Leben zu arbeiten, dann wirst du auf kurz oder lang auch mit Eiden, Schwüren, Verträgen oder Gelübden konfrontiert werden. Gerade zu früheren Zeiten waren das ganz normale Erfahrungen, die sich in unserer Seele allerdings bis heute abgespeichert haben. Denn diese Schwüre, Gelübde oder

Verträge haben einen enormen Einfluss auf deine Zukunft sowie auf weitere nachfolgende Inkarnationen. Schwörst du aus tiefsten Herzen deiner Partnerin/deinem Partner, dass du sie/ihn auf ewig lieben wirst, dann kann es dir möglicherweise sehr schwerfallen, von diesem Menschen irgendwann loszukommen, wenn es doch nicht die wahre Liebe gewesen sein sollte. So kommen übrigens einige Seelenverbindungen zustande, denen du immer wieder in unterschiedlichen Inkarnationen begegnen wirst. Manchmal verabredest du dich auch bewusst mit Seelen. Ihr trefft euch dann in der aktuellen Inkarnation und bekommt so die Möglichkeit, frühere Themen oder gemeinsame Aufgaben aufzuarbeiten.

Es gibt viele verschiedene Möglichkeiten und Varianten von Eiden, Schwüren, Verträgen oder Gelübden, die du in einem früheren Leben geleistet hast. Ich möchte dir gerne zwei reale Beispiele geben, mit denen ich schon innerhalb der Akasha Chronik gearbeitet habe, damit du das Ganze nun auch besser greifen kannst.

Eid: Ich durfte bei einer Klientin mal einen Eid auflösen/beenden, den sie mit einer anderen Seele geschlossen hatte. Diese Seele war im aktuellen Leben ihre beste Freundin, im früheren Leben war es ihr Ehemann. Meine Klientin erzählte mir, dass ihre beste Freundin hinter ihrem Rücken schlecht über sie redete, schon versucht hatte, ihre aktuelle Beziehung zu beeinflussen und sich noch andere, unschöne Aktionen geleistet hatte. Meine Klientin war am Rande des Verzweifelns, denn sie wollte diese Freundschaft hinter sich lassen. Doch immer, wenn sie den Schritt gehen wollte, indem sie die Freundschaft beendet, hatte sie das Gefühl, innerlich zu sterben. Das Gefühl war so schlimm, dass sie ihrer Freundin immer wieder verzieh.

Wir gingen mit diesem Thema in ihre Akasha Chronik und bekamen die Seelenverbindung zu ihrer Freundin gezeigt, die in einem früheren Leben durch eine Ehe bestand. Schon in dem früheren Leben war der Mann der Seele meiner Klientin brutal, herrisch und kalt. Die Seele meiner Klientin versuchte öfter zu fliehen, doch ihr Mann fand sie jedes Mal aufs Neue und seine Aggressionen wuchsen mit jedem Fluchtversuch, sodass die Seele meiner Klientin irgendwann resignierte. Der Mann rief eine Hexe und zwang die Seele meiner Klientin einen Eid abzulegen, ihn niemals zu verlassen. Würde sie es doch noch einmal versuchen, wäre sie dazu verdammt, sich selbst etwas anzutun und zu sterben. Wir beendeten den Einfluss dieses schweren Eides, damit meine Klientin wieder frei sein konnte, vor allem in ihren eigenen Entscheidungen. Zwei Monate später schrieb sie mir, dass sie keinen Kontakt mehr zu ihrer Freundin hat und dass es ihr damit nun richtig gut gehen würde.

Schwur: Es gab einige Leben, die ich mir in meiner Akasha Chronik anschauen durfte, um so frei und offen über meine Magie, Fähigkeiten und spirituellen Werkzeuge zu sprechen, wie ich es heute tue. Unter anderem gab es ein Leben, in dem ich eine schwarze Priesterin war. Ich betete zu Satan, wendete schwarze Magie an, verfluchte Menschen auf Wunsch von anderen Menschen und richtete in diesem Leben viel Schaden an. Teilweise war meine Magie so stark, dass durch die Hand meiner Seele damals andere Menschen zu Tode kamen. Eines Tages wurde ich von einer religiösen Gemeinde angeklagt. Sie zogen mich aus meinem Haus und brachten mich in die Räumlichkeiten ihrer Gemeinde. Dort wartete ein ritueller Aufbau auf meine Seele, wodurch meine Magie direkt blockiert wurde und ich mich nicht mehr gegen das eingeleitete Ritual wehren konnte. Meine Seele wurde dazu gezwungen, einen Schwur abzulegen, meine Magie nie wieder missbräuchlich zu verwenden und anderen dadurch Schaden zuzufügen. Weil man damals auf Nummer Sicher gehen wollte, zwang man meine Seele, einen ganz allgemeinen Schwur abzulegen, nie wieder Magie auszuüben. Nachdem ich diesen Schwur aufgelöst/beendet hatte, bekam meine Magie eine ganz neue Tiefe.

Wenn dir Eide, Schwüre, Verträge oder Gelübde in der Akasha Chronik aus einem früheren Leben begegnen, dann kannst du diese häufig nicht auflösen, da du ansonsten zu viel Einfluss auf die Vergangenheit nehmen würdest. Du kannst allerdings den Einfluss beenden, sodass dich die Auswirkungen nicht über das damalige Leben hinaus beeinflussen und somit auch nicht mehr deine Gegenwart. Lasse am besten deine Akasha Chronik den Einfluss aufheben, die wissen nämlich ganz genau, was sie tun müssen, damit du es in der Gegenwart wieder leichter hast.

Beende den Einfluss eines früheren Lebens

Wenn du möchtest, dass sich die Arbeit mit einem früheren Leben nachhaltig auszahlt und auch auf deine aktuelle Inkarnation auswirkt, dann musst du das Leben abschließend an dem Prozess, also alles, was in diesem früheren Leben angeschaut, bearbeitet und aufgelöst werden darf, „beenden". Ich verwende selten das Wort „müssen", doch in diesem Zusammenhang gibt es kein anderes Wort für diese Handlung. Was meine ich mit „beenden"? Nachdem du alles in dem früheren Leben bearbeitet hast, was dir von deiner Akasha Chronik gezeigt wird, bittest du abschließend deine Chronik darum, dass das frühere Leben nun so abgeschlossen bzw. beendet wird, dass es keinen weiteren Einfluss auf deine aktuelle Inkarnation mehr hat. So oft hatte ich schon den Fall, dass erfahrene Energieheiler:innen zu mir kamen und den Einfluss eines früheren Lebens nicht loswurden. Sie hätten schon alles aufgelöst, doch es würde sich einfach nichts ändern. Meine einzige Frage auf dieses Problem lautet: „Hast du das Leben denn auch beendet?", und der Groschen fällt. Denn erst dann hört der Einfluss aus der früheren Inkarnation wirklich auf.

Beendest du also den Einfluss, dann kann es sich dir so zeigen, als würde eine Tür ins Schloss fallen, ein Buch wird zugeklappt oder der Vorhang fällt. So kannst du dir sicher sein, ab sofort frei von dem früheren Leben zu sein. Bleibt allerdings ein Fuß in der Tür, das Buch lässt sich nicht richtig verschließen oder der Vorhang wird immer wieder aufgeweht, dann gibt es noch ein Thema, dass du dir in dem früheren Leben zu Gemüte führen darfst.

Die Sache mit unseren Ahnen

Der Einfluss unserer **Ahnenlinie** ist enorm wichtig für die Arbeit mit der Akasha Chronik. Denn Glaubenssätze, Emotionen, Muster und andere tiefe Themen können über die Gene deiner Ahnen an dich übertragen werden. Ahnenthemen sitzen also in der Regel in deinem **Zellgut** oder deinem **Unterbewusstsein** fest, was sich mit dem Entstehen deines Körpers im Mutterleib ausbildet. Erfahrungen aus früheren Leben werden also über deine Seele in die aktuelle Inkarnation mitgebracht, Ahnenthemen hingegen bilden sich mit dem Wachstum deines Körpers, deiner Zellen sowie deines Bewusstseins aus.

Du erkennst Ahnenthemen häufig daran, dass du dich in einem Verhalten deiner Eltern, Großeltern oder anderen Teilen deiner Familie wiederfindest. Natürlich übernehmen wir förderliche und gesunde Themen aus unserer Ahnenlinie, manches ist allerdings durchaus hinderlich. Und genau diese negativen, hinderlichen Ahnenthemen wollen wir uns über die Akasha Chronik anschauen, bearbeiten und anschließend befreien. Das Gute an der Arbeit mit unseren Ahnen ist, dass wir dadurch auch alle früheren Ahnen von diesem Thema befreien und allen nachfolgenden Generationen eine leichtere, unbeschwertere Zukunft sichern.

Erinnerst du dich daran, dass du den freien Willen eines Menschen nicht missachten oder umgehen kannst? Vielleicht kam dir nun auch gerade der Gedanke, wie du denn all deine Ahnen um Erlaubnis fragen kannst, damit du ein Ahnenthema auflösen kannst. Keine Sorge! Wenn du ein Ahnenthema bearbeitest, musst du nicht erst alle lebenden Verwandten anrufen und verstorbene Ahnen über deine Akasha Chronik kontaktieren. Vielmehr ist es so, dass wenn sich dir ein Ahnenthema offenbart, du zumindest schon die Einwilligung deiner verstorbenen Ahnen hast, dieses Thema nun endlich aufzulösen. Sonst würde es sich dir gar nicht erst zeigen. Auch auf deine noch lebenden Ahnen (z.B. Mutter, Vater, Großeltern, etc.) wird sich die Befreiung eines Ahnenthemas bemerkbar machen. Doch deine noch lebenden Verwandten besitzen nach wie vor einen freien Willen und können selbst entscheiden, ob sie sich diesem Prozess hingeben oder verschließen wollen – auch wenn sie diese Veränderung höchstwahrscheinlich spüren können. Nimmst du dich eines Ahnenthemas also an, dann tust du dies aus deiner besten Intention heraus und mit lichtvollen, positiven Absichten. Du kannst hierdurch niemals Schaden anrichten oder jemanden zwingen, sich dieser neuen Leichtigkeit hinzugeben. Daher kannst du komplett bedenkenlos Ahnenthemen bearbeiten, die sich dir in deiner Akasha Chronik zeigen.

Eine WERTVOLLE BOTSCHAFT zu diesem THEMA:

„**DIE HEILUNG EINES THEMAS FÜR EINE GESAMTE AHNENLINIE** ist außerordentlich wichtig, vor allem zur aktuellen Zeit, in der du inkarniert bist. Jahrhunderte lang wurde entgegen der eigentlichen Mission auf der Erde gehandelt, sodass wir uns hier oben die Haare gerauft hätten – wenn denn welche auf unseren Köpfen existieren würden. Menschen verschlossen sich für ihr eigentliches Dasein, waren getrieben durch Macht, Neid und Wut, vergaßen, wer sie eigentlich sind, und die Seelen in ihnen verschlossen sich. Sie kamen zurück und nutzten ihre Chance erneut in einer weiteren Inkarnation, denn die Mission auf der Erde ist noch lange nicht abgeschlossen und wird noch einige Jahrhunderte in Anspruch nehmen. Doch du kannst einen erheblichen Einfluss beitragen, indem du nicht nur dich selbst, sondern auch deine Ahnen von dem Fluch der Vergangenheit befreist. Alles, dem du dich jetzt annimmst, bedeutet eine freie, leichtere und unbeschwerte Zukunft. Du hebst die Frequenz, erlöst deine Ahnenlinie, erlöst deine Seele und machst damit die Sicht auf eine leuchtende Zukunft frei. Sei dankbar, dass dir diese Aufgaben für deine Reise auf der Erde mitgegeben wurden, denn dadurch kannst du sehr viel bewirken."

Wie du mit Ahnenthemen arbeiten kannst

Ahnenthemen zeigen sich häufig auf ähnliche Weise in deiner Akasha Chronik wie frühere Leben. Denn auch ein Thema deiner Ahnen entsteht häufig zu einem bestimmten Zeitpunkt in einer früheren laufenden Inkarnation. Wenn du dir nicht sicher bist, ob es sich um ein früheres Leben oder ein Ahnenthema handelt, dann frag einfach deine Akasha Chronik, und du wirst eine Antwort erhalten. Wenn ich meine Akasha Chronik betrete, ein aktuelles Thema nenne und nach dem Kern frage, erkenne ich ein Ahnenthema häufig daran, dass es mir zu Beginn anhand eines Spiegelkabinetts gezeigt wird. Oft sehe ich in den Spiegeln auch die Seelen meiner verstorbenen Ahnen, die von dem Thema betroffen sind. Das gibt mir ein Gefühl der Sicherheit und Geborgenheit, denn meine Ahnen unterstützen mich dann durch ihre Energie beim Auflösen des Themas.

Ein Ahnenthema kann sich dennoch auf ganz unterschiedliche Weisen zeigen. Wirst du in ein früheres Leben deiner Ahnen zurückgeführt, dann kannst du auf die gleiche Art vorgehen, wie bei einem früheren Leben deiner Seele. Der einzige

Unterschied ist, dass du hier nicht nur für dich allein arbeitest, sondern für sehr viele Seelen. Bitte vergiss auch hier nicht, den Einfluss des früheren Lebens zu beenden/abzuschließen. Manchmal kann es auch vorkommen, dass sich ein verstorbener Ahne von dir in deiner Akasha Chronik zeigen wird, um dir den Kern deines Themas zu sagen. Ihr löst dann gemeinsam das Thema durch eine aktive Kommunikation. Es kann sein, dass du auch in deiner Ahnenlinie auf Eide, Schwüre, Verträge oder Gelübde stößt, die du nun beenden oder abschließen kannst. Häufig zeigen sich mir Ahnenthemen auch anhand eines farbigen Bandes, dass sich bis zu mir und meinem Herzen seit dem Entstehen durchzieht. Wenn es sich stimmig anfühlt und meine Akasha Chronik mir den Impuls bestätigt, dann durchtrenne ich dieses Band. Ich beobachte dann häufig, wie sich dieses Band auflöst und die Herzen früherer Ahnen aktiviert. Ein unheimlich magischer und wunderschöner Prozess, der mir bestätigt, dass nun dieses eine Thema kein Bestandteil mehr meiner Ahnenlinie ist.

Bei Ahnenthemen kannst du auch mit tiefen Emotionen oder Glaubenssätzen arbeiten. Allerdings kannst du bei noch lebenden Ahnen ohne deren Einwilligung keine körperlichen oder seelischen Veränderungen vornehmen. Löst du also aufkommende Glaubenssätze und Emotionen aus deiner Ahnenlinie, wirst vor allem du, deine verstorbenen Ahnen und alle nachfolgenden Ahnen davon profitieren. Aus der Erfahrung heraus ist trotzdem eine Veränderung bei noch lebenden Ahnen zu beobachten, wenn sie diesen unterschwellig angestoßenen Prozess zulassen. Übrigens kannst du dich auch mit verstorbenen Ahnen verbinden oder mit ihnen kommunizieren. Hier möchte ich dich aber noch kurz bis zum Kapitel „Jenseitskontakte“ vertrösten.

Leben auf anderen Planeten

Wir dehnen deinen Verstand nun noch etwas mehr, bevor wir ein neues Kapitel mit einem neuen magischen Thema öffnen. Wenn du bis hierhin noch nicht mit Zweifeln, Unglaube oder möglicherweise Ängsten durch deinen Verstand oder dein Unterbewusstsein konfrontiert wurdest, dann herzlichen Glückwunsch! Alles andere wäre aber auch total normal. Denn deine Seele kennt all die Dinge, die ich dir hier näherbringen möchte, und erinnert sich lediglich. Deinen Verstand darfst du trainieren wie ein Haustier. Denn gerade, wenn du mit der Akasha Chronik noch am Anfang stehst, werden sich immer wieder kleine Zweifel oder Blockaden einschleichen. Aus Angst oder zum Schutz. Verurteile dich dafür bitte nicht und lasse dich auch nicht entmutigen. Übe, übe, übe und irgendwann wirst du Expert:in sein, was die Arbeit mit der Akasha Chronik betrifft.

Nun aber zur Dehnung für deinen Verstand: Bist du ein Starseed? Das ist gar nicht so unwahrscheinlich! Deine Seele hat sehr wahrscheinlich schon viele Leben hier auf der Erde verbracht. Denn gerade zur aktuellen Zeit braucht es viele erfahrene, alte sowie weise Seelen, die den Prozess des Erwachens vorantreiben. Da sind gesammelte Erfahrungen in früheren irdischen Inkarnationen von großem Vorteil. Deine Seele wird aber auch schon viel Zeit auf geistigen Dimensionen verbracht und verschiedene Aufgaben übernommen haben.

Deine Seele hat möglicherweise auch schon interplanetare Erfahrungen gesammelt. Ist dies der Fall, dann wird das auch gerne als Starseed bezeichnet. Das bedeutet, dass deine Seele Inkarnationen auf anderen Planeten durchlaufen hat. Das Universum mit all seinem Leben wurde bisher noch kaum erforscht. Ein früheres Leben auf einem anderen Planeten nochmals zu erfahren, zu erleben und zu sehen, wie fortschrittlich oder komplett anders das Leben auf anderen Planeten ist, kann anfangs für deinen Verstand unmöglich wirken. Dass die Seele eines anderen Menschen schon interplanetare Erfahrungen gesammelt hat, erkennst du übrigens manchmal an den Augen. Kennst du diese Menschen, deren Augenfarbe sich häufig verändert? Manchmal durch Lichteinfall oder manchmal durch Stimmungsschwankungen? Vielleicht gehörst du sogar selbst zu diesen Menschen. Das kann ein Anzeichen für Erfahrungen von anderen Planeten sein.

Bisher war ich eher selten in Leben auf anderen Planten unterwegs und wenn es doch mal der Fall war, musste ich hier keine tiefen Erfahrungen auflösen. Vielmehr ging es darum, mir die Augen zu öffnen und mein Bewusstsein zu erweitern, wenn ich in der weltlichen Ansicht zu sehr gefangen war. Doch nur weil ich persönlich diese intensive Arbeit mit früheren Leben auf anderen Planten noch nicht erfahren habe, heißt es nicht, dass es nicht möglich ist. Denn sind auch auf anderen Planeten, wie Uranus, Pluto, der Venus etc. blockierende Glaubenssätze entstanden, dann löse sie bitte auf. Es kann allerdings auch vorkommen, dass dir hier Planeten begegnen, von denen du weder schon etwas gehört hast noch deren Namen du aussprechen kannst. Ich spreche hier aus eigener Erfahrung. Wir können uns kaum vorstellen, wo und in welcher Art Leben im Universum existiert. Doch über die Arbeit mit der Akasha Chronik können wir unseren Horizont definitiv erweitern. Bleibe also offen für das, was du über interplanetare Leben erfahren wirst. Solltest du irgendwann wieder auf einen der Planeten zurückkehren, wirst du es dir selbst danken. Eine meiner Schülerinnen aus meiner Akasha Chronik Ausbildung hat außerdem mal die Frage gestellt, ob man denn mit Sternen kommunizieren könnte, so wie wir es mit Tieren, Bäumen oder anderen Lebewesen tun. Zum Zeitpunkt ihrer Frage hatte ich selbst noch nie versucht, mit Sternen zu sprechen. Also bat ich sie, es einfach mal auszuprobieren und der gesamten Ausbildungsrunde, einschließlich mir, beim nächsten Treffen davon zu berichten. Es gibt noch so viel zu lernen, zu erfahren und auszuprobieren! Wenn du also eine ganz bestimmte Erfahrung machen möchtest, dann bitte deine Akasha Chronik um Unterstützung und mache diese Erfahrung einfach. Es gibt keine Grenzen!

Ein kleiner Einblick zu LEBEN AUF ANDEREN PLANETEN durch die Akasha Chronik:

„WENN DU DENKST, DIE ERDE SEI FORTSCHRITTLICH, hast du ja keine Vorstellung! Wesen auf anderen Planeten haben ihre ganz eigene Welt erschaffen. Manche leben völlig frei von Technik, manche sprechen kein einziges Wort – niemals, denn sie kommunizieren über ihre Gedanken, manche schlafen in Bäumen, die du als exotisch bezeichnen würdest, und manche haben die feinsten und schnellsten Technologien entwickelt, von denen irdische Wissenschaftler noch lange träumen werden. Hast du schon Leben auf anderen Planeten miterlebt, dann wird auch dieses Wissen anhand deiner Erfahrung in deiner Seele ruhen. Menschen, die ganz besonders affin sind für andersartige Entwicklungen, die irdische Erdbewohner erstmal ablehnen, tragen oft solche Erinnerungen in sich. Menschen, die sich ganz besonders für Leben auf anderen Planeten interessieren, möglicherweise ihre Lebensaufgabe darauf verschrieben haben, dies zu erforschen, tragen Erinnerungen in sich. Spür doch mal in dich hinein, zu welchen Planeten, Sternen oder anderen Galaxien du dich ganz besonders hingezogen fühlst. Wann schlägt dein Herz schneller, woran musst du immer denken, was fühlt sich ganz natürlich für dich an? Oft hast du genau dort schon Inkarnationen erleben dürfen. Bist du allerdings jetzt auf der Erde, dann wirst du vermehrt irdische Erfahrungen gesammelt haben. Denn es braucht aktuell Seelen mit einem großen Erfahrungsschatz, damit diese Seelen etwas Großes hier bewältigen können."

8

Das Zusammenleben mit feinstofflichen Wesen

Glaubst du eigentlich an Geister? Nachdem ich dich in die Welt der feinstofflichen Wesen eingeführt habe, wirst du daran glauben. Fest versprochen! Denn du selbst bist auch ein feinstoffliches Wesen. Zumindest ist deine Seele feinstofflich und alles, was deinen physischen Körper umgibt, ebenfalls. Denn feinstoffliche Wesen bestehen aus Energie, genauso wie deine Seele, deine Aura und deine Chakren aus Energie bestehen.

Auch dein Körper besteht grundsätzlich aus reiner Energie. Doch diese Energie hat sich so verdichtet, dass du sie mit deinen Händen greifen und mit deinem bloßen Auge mit allen Details erkennen kannst. Kannst du deine Seele mit deinen physischen Augen sehen? Kannst du deine Aura und deine Chakren mit deinen physischen Augen sehen? Nein! Aber du kannst es über deine **Hellsinne**, konkret gesagt über dein **drittes Auge**. Menschen, die Geister (feinstoffliche Wesen, verstorbene Ahnen, etc.) sehen können, haben ein sehr ausgeprägtes drittes Auge und sind sehr stark in ihrem Hellsehen. Für diese Menschen kann es sich tatsächlich so anfühlen, als würden sie diese Wesen mit ihren Augen erkennen können. Je mehr du dich mit der Akasha Chronik beschäftigst, je mehr du mit ihr sowie all deinen Sinnen arbeitest, desto mehr werden sich deine Hellsinne auch ausprägen, intensivieren oder erweitern, sodass die Schleier zwischen den verschiedenen Dimensionen unseres Universums immer, immer dünner werden. Wir blicken irgendwann einfach durch sie hindurch, die Dimensionen überlappen sich und wir werden mit der Zeit neben den einzelnen Dimensionen existieren, mit dem Wissen, dass wir alle Eins sind. Es gibt keine besonderen Menschen mit besonderen Fähigkeiten, denen es allein bestimmt ist, den Schleier zwischen den Dimensionen zu lüften. Wenn du dich dafür öffnest und bereit bist, die Wahrheit zu erkennen, dann ist das auch für dich möglich.

Bist du schon länger im medialen Bereich tätig, wirst du hiermit möglicherweise schon einige Erfahrungen gesammelt haben, sodass ich dir gerade nichts wirklich Neues erzähle. Stehst du gerade am Anfang deines Erinnerungsprozesses, dann wird es möglicherweise noch ein bisschen dauern, bis du mit deinen Hellsinnen eine tiefe Verbundenheit entwickelt hast, um die Schleier um dich herum zu lüften. In diesem Fall wirst du die verschiedenen feinstofflichen Wesen vermutlich erst Mal über deine Akasha Chronik kennenlernen, bevor sie sich neben dir auf die Couch setzen, dich abends vor dem Zubettgehen besuchen, um über deinen Schlaf zu wachen oder dich bei einem schönen sonnigen Spaziergang begleiten.

Generell ist deine Akasha Chronik ein sicherer Ort für die **Verbindung mit feinstofflichen Wesen**. Denn du hast stets die volle Kontrolle, mit wem du sprechen und wie lange du diese Verbindung aufrechthalten möchtest. Dadurch, dass du dich bewusst mit deiner Akasha Chronik verbindest, den Hörer in die Hand nimmst und am Ende den Hörer auch wieder auflegst, bestimmst du das komplette Gespräch. Es ist also egal, ob du ein Akasha Chronik Neuling oder ein:e Expert:in bist. Dieser Raum gibt dir zu jeder Zeit Sicherheit in der Arbeit mit feinstofflichen Wesen. In der Regel existieren für dich und um dich herum vermehrt positive, wohlwollende sowie unterstützende Wesen. Sie sind dafür da, dass du dich in deiner aktuellen Inkarnation auf beste, höchste und schönste Weise entwickeln wirst. Doch wo Licht ist, existiert auch immer Dunkelheit. So wie es herzensgute Menschen gibt, so existieren auch immer Menschen mit bösen oder negativen Absichten. Dort wo die Schleier sich lüften, existiert ebenso die Dunkelheit, wie es auch das Lichtvolle gibt. Natürlich kann man grundsätzlich sagen, dass es immer ein Gleichgewicht zwischen Licht und Schatten gibt, auch in einem einzelnen Menschen oder bei feinstofflichen Wesen. Nicht umsonst nennen wir es in der Persönlichkeitsentwicklung ja auch Schattenarbeit, wenn wir mit Glaubenssätzen arbeiten, uns mit blockierenden inneren Mustern, Erfahrungen oder Erinnerungen beschäftigen sowie schwere Emotionen ergründen. In meinen Augen und auch aufgrund der Erfahrung, die ich mit dieser Arbeit schon sammeln durfte, glaube ich, dass kein Mensch und kein Wesen von Grund auf böse ist! Vielmehr habe ich die Erfahrung gemacht, dass solche Menschen, die wir vielleicht als „böse" bezeichnen würden, keinen Weg aus ihren schweren Gedanken oder Emotionen herausgefunden haben. Hierauf möchte ich noch einmal näher eingehen, wenn wir über negative und dunkle feinstoffliche Wesen in diesem Kapitel sprechen. Auf den kommenden Seiten wirst du erstmal einen guten Überblick bekommen, wie du mit den lichtvollen und unterstützenden Wesen noch intensiver arbeiten sowie kommunizieren lernst und erst dann, wie du mit negativen Wesenheiten ohne Angst umgehen kannst.

Lass dich noch etwas durch die Akasha Chronik ERMUTIGEN, INSPIRIEREN und FASZINIEREN:

„DU LEBST AUF DER ERDE MIT MILLIONEN anderen Menschen. Doch um dich herum existiert noch so viel mehr. Auch wenn du es jetzt noch nicht siehst, spürst oder erkennst. Wesen, Geistwesen, Elementarwesen oder Wesen aus Märchen existieren. Glaubst du denn, sowas hat sich jemand aus fantasievollen Gedanken zusammengereimt? Häufig sind Menschen, die solche Geschichten schreiben, einfach sehr feinfühlig, haben lebendige Träume und nehmen ihre Umwelt viel intensiver wahr. Selbst wenn sie es sich bewusst nicht erklären können, manches dazu dichten oder die Geschichte ausschmücken, so ist es nicht immer allein die Fantasie. Öffne dich dafür, dass neben dir noch anderen Ebenen existieren. Öffne dich dafür, dass neben dir noch anderes Leben existiert. Öffne dich dafür, dass du Energie um dich herum wahrnehmen kannst. Öffne dich dafür, dass ihr Menschen nicht allein seid. Du liest dieses Buch unserer Meike, du lauschst unseren Worten, die nicht von einem Menschen kommen, du möchtest dich für diese Wahrheit öffnen – also tue es. Sei mutig und freue dich auf all die neuen Erkenntnisse."

Die Sache mit unserem geistigen Team

Beginnen wir mit der grandiosesten Unterstützung, die du dir auf feinstofflicher Ebene nur wünschen kannst – nämlich mit deinem geistigen Team. Und dieses Team besteht aus ganz unterschiedlichen Wesen, die aber alle für dich da sind, um dich in dieser Inkarnation zu unterstützen, zu lenken und zu beschützen! Dein geistiges Team besteht unabhängig von deiner Akasha Chronik, vielmehr würde ich deine Akasha Chronik sogar zu deinem geistigen Team dazu zählen. Doch innerhalb des geschützten Raumes deiner Chronik kannst du alle Mitglieder deines geistigen Teams kennen und lieben lernen.

Geistführer

Zu deinem geistigen Team gehören deine ***Geistführer.*** Es kann sein, dass du einen oder sogar mehrere Geistführer an deiner Seite hast. Innerhalb deiner Inkarnation kann es vorkommen, dass deine Geistführer wechseln. Im Grunde immer dann, wenn sich dein Leben verändert. Beispielsweise, wenn du deinen Job wechselst, dich selbstständig machst, dich von deinem/deiner Partner:in trennst und nun das Leben allein meistern darfst, wenn du in einer tiefen Transformation steckst, ein neuer Bewusstseinssprung für dich ansteht, oder oder, oder. Denn dir werden immer die Wesen zur Seite gestellt, die dich in deinem jeweiligen Lebensabschnitt am besten sowie qualifiziertesten unterstützen können.

Gerade zu Beginn deiner Inkarnation bis zum Übergang auf die Ebene des Erwachsenseins können viele Wechsel stattfinden, da du dich zu der Zeit in einem rasanten Tempo entwickelst. Ich kenne aber auch Personen, die immer denselben oder dieselben Geistführer haben, seit sie das erste Mal mit ihrem geistigen Team in Kontakt getreten sind. Deine Geistführer können sich in Gestalt einer Frau oder eines Mannes zeigen. Sie können allerdings auch das Bild eines Fabelwesens, eines Tieres oder einer imaginären Gestalt annehmen, die aber für deine Entwicklung oder aufgrund deiner Vergangenheit eine wichtige Rolle spielen. Vielleicht findest du die Gestalt einer Meerjungfrau aber auch einfach besonders toll, hast wunderschöne Erinnerungen an deine Kindheit, weshalb du dich mit dieser Form sehr sicher fühlst. Nicht immer muss hinter dem Auftreten deiner Geistführer ein lebenswichtiger Grund stecken. Sie können auch verstorbene Ahnen oder Teile deiner Seelenfamilie sein. Am besten gehst du unvoreingenommen an das Kennenlernen heran und lässt dich überraschen, wer da an deiner Seite ist.

Warum gibt es Geistführer in deinem geistigen Team zu deiner Unterstützung? Wie der Name schon sagt, führen sie dich auf dem Weg deiner Inkarnation, damit du deine Aufgaben sowie Herausforderungen in dieser Inkarnation bestmöglich meistern kannst und wichtige Chancen im Leben erkennst. Deine Geistführer kommunizieren nonstop mit dir. Sie schicken dir Zeichen über Autokennzeichen, Plakate, Werbung, Bücher,

Menschen oder durch deine eigenen Impulse. Sie wollen dir den richtigen Pfad zeigen und dich davor schützen, meilenweit auf einem steinigen und für dich nicht wirklich vorteilhaften Weg zu wandern. Manchmal kommunizieren sie auch über deine eigenen Gedanken mit dir. Doch es gibt genug Menschen, die diese Zeichen noch als Zufälle abtun oder schlichtweg übersehen. Ich hoffe, dass du nicht mehr zu diesen Menschen gehörst oder dich ab sofort innerlich für die Kommunikation mit deinem geistigen Team öffnest.

Kennst du diese Momente, in denen du dringend nach einer Antwort auf ein Problem suchst und plötzlich flattert sie sprichwörtlich zum Fenster herein? Möglicherweise liest du einen passenden Post auf Instagram oder du beginnst ein neues Buch zu lesen, welches dir die richtigen Impulse zur Antwortfindung liefert. Vielleicht triffst du beim Einkaufen einen anderen Menschen, der an der Kasse mit seinem Kumpel darüber spricht, wie er ein ähnliches Problem wie du gelöst hat. All das sind keine Zufälle, sondern Zeichen deiner Geistführer.

Falls du deine Geistführer bisher noch nicht kennengelernt hast, wird es jetzt aber dringend Zeit! Verbinde dich mit deiner Akasha Chronik und bitte darum, sie kennenzulernen. Frage sie nach ihrer aktuellen Aufgabe, die sie an deiner Seite übernommen haben. Bitte sie um Ratschläge oder Antworten auf aktuelle Themen. Du kannst sie auch nach ihrem Namen oder ihrer Rolle innerhalb deines geistigen Teams fragen. Dir sind keine Grenzen gesetzt! Beachte jedoch, dass dein geistiges Team möglicherweise sehr viel Humor mitbringt und du dich mit ihnen köstlich amüsieren kannst. Sind wir schon beim Thema Humor, dann lass mich dir sagen, dass mir bisher sehr viele Wesen mit einem ausgesprochen guten Humor begegnet sind. Auch viele meiner Schüler:innen melden mir das als Feedback oder fragen mich, ob das denn wirklich sein kann, dass „die da oben“ einen auch mal Hops nehmen. Allein die Atmosphäre bei manchen Themen, ohne dass ein Wort gesprochen wird, kann manchmal urkomisch sein. Und das macht die ganze Arbeit und Kommunikation mit der geistigen Welt unheimlich schön. Denn wenn wir selbst verzweifelt sind, den Wald vor lauter Bäumen nicht erkennen oder immer wieder die gleichen Fragen stellen, weil wir einfach die Umstände nicht akzeptieren wollen, dann ist es wahnsinnig auflockernd, wenn wir dazu ermutigt werden, uns selbst nicht zu ernst zu nehmen. Also stell dich neben der sehr transformierenden Schattenarbeit auch auf ganz viele lustige Gespräche ein.

Schutzengel

Zu deinem geistigen Team gehören außerdem deine ***Schutzengel***. Aufgrund der Erfahrungen, die ich hier bisher sammeln durfte – sowohl durch die Arbeit in meiner als auch in anderen Chroniken – haben Menschen in der Regel einen Schutzengel, der sie ihr Leben lang begleitet. Es kann allerdings Zeiten geben, in denen ein Schutzengel nicht ausreicht und mehrere Engel zum Schutz an deine Seite gerufen werden. Kennst du diese Menschen, die ihre Leben zu einem einzigen Risiko gemacht haben und ohne Sicherung auf Gebäude klettern? Ich bin mir sicher, dass genau diese Menschen ein ganzes Team von Schutzengeln an ihrer Seite wissen. Es wird allerdings immer wieder Situationen im Leben geben, in denen wir mal gefährlicher leben als sonst, ohne dass uns das in solchen Momenten vielleicht bewusst ist. Stell dir vor, du gehst spazieren, hast deine Headphones im Ohr, bist völlig versunken in die Musik und deine Umgebung, sodass du die Straße und den Verkehr um dich herum kaum noch wahrnimmst. Dein Schutzengel merkt das und bewirkt daher, dass ein Autofahrer eine Straße zu früh abbiegt, damit er dir nicht begegnet und es auch nicht zu einem Unfall kommt, wenn du, ohne nach links zu schauen, die Straße überquerst. Du darfst dich darauf verlassen, dass du immer genau den Schutz an deiner Seite hast, den du in gewissen Lebensphasen benötigst.

Mir ist bewusst, dass manchmal im Leben schlimme Dinge passieren. Und möglicherweise fragst du dich auch jetzt, ob denn in solchen Momenten Schutzengel einfach mal eine Kaffeepause machen.

Es gibt allerdings viele verschiedene Gründe, warum Unfälle, Schicksalsschläge oder andere schlimme Dinge passieren. Manchmal, da geschehen einfach viel zu viele Dinge gleichzeitig, sodass nicht immer alles verhindert werden kann. Stell dir vor, du gehst mit deinen Kindern an den See. Dein jüngstes Kind verschüttet den Saft, dein ältestes Kind kommt mit blutigem Knie vom Spielplatz zurück, dein Mann fragt dich, ob du vergessen hast, die Sonnencreme einzupacken, und in diesem Moment nimmst du gar nicht wahr, wie dein Hund das Wurstbrot aus dem Korb eurer Sitznachbarn klaut. Trägst du daran jetzt Schuld? Nein. Hättest du es verhindern können? Mit Sicherheit irgendwie. Ich habe bewusst ein harmloses Beispiel gewählt, denn schon in den lächerlichsten Alltagssituationen passieren kleine Unfälle, weil der Fokus auf etwas anderem liegt. Wie schwer haben es also unsere Schutzengel manchmal in wirklich wichtigen und lebensbedrohlichen Situationen?

Und dann kommt es auch vor, dass die Seele sich manche Erlebnisse sowie Erfahrungen einfach ausgesucht hat, auch wenn der Mensch auf der Erde die Umstände nicht nachvollziehen kann. Stell dir vor, deine Seele hat vor ihrer Inkarnation gesagt: „Auf der Erde zeig ich den Menschen jetzt mal, dass eine Krankheit – egal, wie schwer sie ist – geheilt werden kann. Denn die Menschen auf der Erde sind noch alle viel zu verkopft. Was soll aus ihnen nur die nächsten Jahre werden, wenn hier keine Veränderung geschieht? Ich mach das. Los, schickt mich runter!" Und plötzlich sitzt du beim Arzt und bekommst die Diagnose Krebs. Zweifelst du dann alles Universelle an oder nimmst du dich der Aufgabe deiner Seele an?

Bisher durfte ich in einem sehr besonderen Fall einen Wechsel von Schutzengeln beobachten, und zwar, wenn ein naher Verwandter stirbt und sich dieser Rolle dann gerne annehmen möchte. Im Jahr 2012 sind meine beiden Opas sowie der älteste Hund von mir und meinen Eltern innerhalb von einem halben Jahr verstorben. 2012 war ein wirklich prägendes Jahr für mich, da ich vorher mit dem Tod nicht wirklich in Berührung kam. Nach drei aufeinanderfolgenden Ereignissen von mir nahestehenden Personen/Wesen hat sich einerseits mein Bezug zum Tod verändert, andererseits ereignete sich ein Wechsel bei meinem Schutzengel. Mein verstorbener Opa, der Vater meiner Mutter, ist seitdem präsent als Schutzengel an meiner Seite. Mein „vorheriger/alter" Engel ist allerdings auch noch da, nur seitdem eher im Hintergrund. Mittlerweile habe ich aber auch andere Engel kennengelernt, die zu meinem geistigen Team gehören und nicht nur für meinen täglichen Schutz verantwortlich sind.

Übrigens gibt es auch bei Schutzengeln männliche sowie weibliche Erscheinungen. Allerdings hört sich Schutzengel:innen eher komisch an und du weißt ja, wie ich das Gendern bei Energien handhabe. Du darfst außerdem wissen, dass Gendern ein absolut weltliches Konstrukt ist, denn wir alle sind im Kern erst mal eine Seele. Unser Körper gibt uns zwar ein Geschlecht, doch in uns drinnen verkörpern wir immer männliche UND weibliche Aspekte. Vielleicht blätterst du hierzu auch nochmal ein paar Seiten zurück, als ich dir das Thema mit den Archetypen vom Psychologen C.G. Jung empfohlen habe.

Auch deine Schutzengel kannst du über deine Akasha Chronik kennenlernen. Möglicherweise ist das erste Kennenlernen sehr emotional, da es sich hier tatsächlich um Wesen handeln kann, die du bereits von der Erde kennst. Sei ganz offen, wer dir hier begegnen möchte und in welcher Form sie sich zeigen. Verbinde dich mit deiner Akasha Chronik und bitte darum, deine/n Schutzengel kennenzulernen. Beachte bitte, dass Engel nicht unbedingt so aussehen müssen, wie die Kirche es uns gelehrt hat. Lasse dich überraschen, faszinieren und führen.

Seelenfamilie

Zu deinem geistigen Team zählt außerdem deine ***Seelenfamilie***. Diese ist im Übrigen nicht zu vergleichen mit deiner erdgebundenen Familie und somit deiner Ahnenlinie. Deine Ahnenlinie reicht nur so lange zurück, wie es Lebewesen auf der Erde gibt – du bist mit ihnen durch dein Erbgut verbunden. Bevor du als Seele auf die Erde purzelst, suchst du dir die Familie aus, in die du inkarnieren möchtest, und somit auch deine Ahnenlinie. Sprich, bevor du deine Inkarnation hier auf der Erde antrittst, ist dir als Seele grundlegend bewusst, welche Themen dich mit deiner Familie erwarten und welche Ahnenthemen du möglicherweise heilen darfst. Die Mitglieder deiner Seelenfamilie hingegen haben sich bewusst zusammengeschlossen, und das auf Basis einer tiefen Emotion, aufgrund von gemeinsamen Erfahrungen oder prägenden Erlebnissen. Es kann also durchaus vorkommen, dass Mitglieder einer Seelenfamilie in eine andere wechseln, auch wenn mir das selbst noch nicht passiert ist. Da das Universum, geistige Ebenen und Dimensionen oder auch andere Planeten noch vor der Erde existiert haben, kann der Zusammenschluss deiner Seelenfamilie viel länger zurückliegen als der Ursprung deiner erdgebundenen Familie. Es ist spannend nachzuforschen, ob Teile deiner Seelenfamilie mit in deine aktuelle Inkarnation gekommen sind, in welche Personen sie geboren sind und welche Aufgabe sie dann an deiner Seite übernommen haben. Ich empfehle dir aber, an die ganze Sache nicht zu verkopft heranzugehen, denn es gibt sicherlich noch genug „Mysterien" rund um Seelenverbindungen, die du selbst mithilfe deiner Akasha Chronik in Erfahrungen bringen wirst.

Läufer

Teil deines geistigen Teams sind außerdem deine sogenannten ***Läufer***. Du kannst ihnen aber auch gerne Kosenamen geben, das mögen sie ganz besonders gern. Meine Läufer erinnern mich an die Sieben Zwerge aus dem Disney Film *Schneewittchen*, daher nenne ich sie liebevoll meine Zwerglein. Deine Läufer können sich auf ganz unterschiedliche Weise zeigen. Sie können eine menschliche Form annehmen, aussehen wie Tiere, Zwerge oder ebenfalls wie Fabelwesen. Finde gerne mal in deiner Akasha Chronik heraus, wer oder was deine Läufer sind und welche Aufgaben sie in deinem geistigen Team übernehmen. Deine Läufer nehmen dir konkrete Aufgaben ab und sind wirklich motiviert, dich in deinem Alltag zu unterstützen. Sie können sogar richtig quengelig werden, wenn sie nichts zu tun haben.

Ich schicke meine Zwerglein zum Beispiel los, wenn ich einen neuen Kurs oder ein neues Angebot herausbringe, genau die richtigen Menschen zu suchen, für die dieses Angebot perfekt ist. Ich fahre nur noch selten lange Strecken mit dem

Auto. Doch wenn dann mal wieder eine Fahrt ansteht, schicke ich meine Zwerglein los, damit sie alle Staugefahren auflösen, bevor ich an dieser Stelle mit dem Auto ankommen werde. Du kannst deine Läufer aber nicht losschicken, um deine Einkäufe zu erledigen, auf dein Kind aufzupassen oder dein Haus zu putzen. Manche weltlichen Dinge müssen immer noch selbst erledigt werden. Du erkennst aber hoffentlich den Unterschied, wobei deine Läufer dich sehr gut und wobei sie dich eher weniger gut unterstützen können.

Verbinde dich gern mit deiner Akasha Chronik, um deine Läufer einmal kennenzulernen, dich mit ihnen anzufreunden und ein Gespür für sie zu bekommen. Du kannst sie auch gerne fragen, welche Aufgaben sie dir in deinem Alltag gut abnehmen und wo und wann sie dir ein wenig im Leben zuspielen können. Anschließend brauchst du die Verbindung zur Akasha Chronik aber nicht mehr, um deinen Läufern gewisse Aufgaben zuzuteilen. Der Gedanke, die Anweisung oder die Bitte an deine Läufer reicht aus, damit sie lossprinten und sich um deine Aufgabe kümmern werden. Hierzu könnt ihr gemeinsam ein Kommando vereinbaren, wodurch sich deine Läufer direkt angesprochen fühlen.

Krafttiere

So wie deine Schutzengel als Teil deines geistigen Teams für deinen Schutz sorgen, sind ***Krafttiere*** an deiner Seite, um dir Kraft zu schenken. Nun hast du gleich eine Eselsbrücke, um diese beiden Wesenheiten voneinander zu unterscheiden. Dein Krafttier begleitet dich im Leben also liebevoll als Wegbegleiter und gleicht häufig deine „Schwachstellen“ aus oder erinnert dich daran, was in dir steckt, wenn du es dir selbst mal nicht zutraust. Ist zum Beispiel die Libelle dein Krafttier, dann schenkt sie dir Leichtigkeit, wenn es dir mal schwerfällt, Leichtigkeit im Leben zu erkennen. Begegnet dir deine Libelle dann immer wieder in einer Meditation, innerhalb einer Akasha Chronik Öffnung oder gar physisch beim Spazieren gehen, kann es dein Zeichen sein, mal wieder einen Gang zurückzuschalten. Ist dein Krafttier das Pferd, kann es möglicherweise sein, dass es dir schwerfällt, selbstständige Entscheidungen zu fällen oder dich unabhängig im Alltag zu fühlen. Als Krafttier an deiner Seite schickt es dir dann in verschiedenen Situationen Energie und Stärke, in denen dein Mut gefragt ist, damit du eigenständige Entscheidungen treffen kannst.

Welches Tier dein Krafttier ist, kannst du ganz leicht über die Verbindung zu deiner Akasha Chronik herausfinden. Frage gerne konkret nach deinem Krafttier, welche Energie es dir übermitteln möchte und in welchen Situationen es ganz besonders kraftvoll an deiner Seite ist. Häufig ist dein Krafttier aber genau das Tier, zu dem du dich auch auf physischer Ebene stark hingezogen fühlst oder welches dir ständig im Alltag begegnet (auch in Büchern, Serien oder Filmen).

Ich hatte beispielsweise schon immer eine Faszination für Hirsche und habe mit ihren Geweihen etwas sehr Magisches verbunden. In meiner Wohnung hängen drei Hirschgemälde und ein unechter Hirschkopf. *Bambi* war übrigens auch schon immer einer meiner liebsten Filme. Es wundert dich also jetzt nicht, dass der Hirsch mein Krafttier ist. Mein Leben ist geprägt von immer wiederkehrenden Neubeginnen. Mein Hirsch ist bei jedem neuen Beginn an meiner Seite, schenkt mir Mut, durchzuhalten, und schickt mir eine unfassbare Stärke, nicht aufzugeben. 2021 trennte ich mich von meinem damaligen Freund, mit dem ich sieben lange Jahre zusammen war. Unsere Trennung zog sich bestimmt über ein ganzes Jahr, bevor wir beide den Mut aufbrachten und uns eingestanden, dass wir uns zu sehr auseinander gelebt hatten. Wir wohnten gemeinsam in einer Wohnung in der Nähe eines Waldes, in dem ich täglich mit meinem Hund spazieren ging. In dieser Phase der Trennung sah ich sehr häufig Hirsche im Wald, vor allem dann, wenn ich sehr in Gedanken war oder ich mich mal wieder mit meinem Ex-Freund gestritten hatte. Rückblickend betrachtet, waren all die physischen Begegnungen mit den Hirschen im Wald auch ein Zeichen, dass ich schon viel früher meinen Mut hätte zusammennehmen können, um mich zu trennen. Letztendlich kommt immer alles zur rechten Zeit, doch heute würde ich solche Zeichen trotzdem anders werten. Denn sobald wir uns für all die Magie, auch auf physischer Ebene, um uns herum öffnen, werden wir sie auch wahrhaftig erkennen.

Hüter und Meister der Akasha Chronik

Zu deinem geistigen Team gehören natürlich auch die ***Hüter, Meister*** sowie ***Geistwesen*** deiner Akasha Chronik. Der Unterschied zwischen den Wesen deiner Akasha Chronik sowie allen anderen Mitgliedern deines geistigen Teams, ist folgender: Den Hütern und Meistern deiner Akasha Chronik begegnest du in der Regel nur durch die bewusste Verbindung mit deiner Akasha Chronik. Alle anderen Wesen sind auch unabhängig von deiner Chronik an deiner Seite. Du kannst dich über die sichere und stets geschützte Verbindung deiner Akasha Chronik mit all deinen Geistwesen verbinden, durchaus aber auch auf bewusster Ebene, wenn sich die Schleier der Dimensionen immer mehr lichten. Mit deinen Geistführern, deinen Schutzengeln, deinen Läufern sowie deinen Krafttieren kannst du dich auch ganz wunderbar über eine Meditation verbinden.

Die Sache mit Jenseitskontakten

Genau genommen wäre das Thema mit Jenseitskontakten schon an vielen anderen Stellen dieses Buches passend gewesen. Dennoch war es mir wichtig, diesen wichtigen Part in der Arbeit mit der Akasha Chronik separat zu behandeln. Denn ein Jenseitskontakt kann um einiges emotionaler, aufwühlender und aufregender sein, als sich beispielsweise mit seinem geistigen Team zu verbinden.

Unter einem Jenseitskontakt versteht man die Kontaktaufnahme zu einem verstorbenen Menschen oder einem verstorbenen Tier. Der Körper ist für immer eingeschlafen, die Seele hat allerdings nur die Dimension gewechselt. Jedoch darfst du unbedingt verstehen, dass eine Seele nicht unbedingt erleuchtet ist, nur weil sie die Dimension gewechselt hat. Auch auf feinstofflicher Ebene entwickeln wir uns weiter, transformieren und sind manchmal auch von negativen Energien anhand von Emotionen geplagt.

Auf diese Weise entstehen beispielsweise einige negative Wesen. Gerade dann, wenn ein Mensch erst frisch verstorben ist, muss er sich an die neue Umgebung sowie den neuen Seelenabschnitt anpassen. Nach dem Übergang erinnert man sich plötzlich auch wieder an vieles und bemerkt dann möglicherweise, dass man gewisse Aufgaben auf der Erde nicht geschafft, Menschen verletzt oder sich entgegen seiner Bestimmung verhalten hat. Natürlich gibt es noch viele weitere, durchaus auch einige positive Beispiele, die ich hier auf mehreren Seiten fortführen könnte. Aber ich denke, dir ist bewusst, worauf ich hinauswill. Vergleiche es einfach mit einer Prüfung aus der Schule, während der du einen Black Out erlitten hast. Nachdem du deine Unterlagen abgegeben und das

Lösungsbuch zur Hand genommen hast, fällt es dir wie Schuppen von den Augen, was die richtigen Antworten gewesen wären. So ähnlich kann sich der Übergang manchmal gestalten. Je offener, spiritueller und erwachter allerdings ein Mensch hier auf der Erde gewesen ist, desto leichter wird ihm der Dimensionswechsel fallen. Ich empfehle daher einen Jenseitskontakt nicht unbedingt kurz nach dem Tod zu veranlassen, sondern der Seele etwas Zeit zu geben, bis sie dazu bereit ist, in Kommunikation zu treten. Über die Akasha Chronik können wir zur richtigen Zeit die Seele dann aber über einen geschützten und sicheren Ort herbeirufen.

In der Regel erreichst du die Seele auch immer, wenn du sie rufst. Manchmal wartet sie aber auch schon auf dich in deiner Akasha Chronik. Denn wenn du mit der Intention eines Jenseitskontaktes die Akasha Chronik öffnest, dann sendest du dadurch Energie aus, die von der Seele gehört wird. Manchmal habe ich es aber schon erlebt, dass die Seele unter Zeitdruck stand oder es etwas gedauert hat, bis sie in der Akasha Chronik erschienen ist. Grund hierfür waren Aufgaben, die diese Seele übernommen bzw. sich selbst ausgesucht hatten. In einer Situation ging es um den Opa einer Klientin, der die Aufgabe eines Schutzengels an der Seite eines anderen Menschen übernommen hatte. Als wir ihn kontaktierten, wurde er eigentlich gerade gebraucht und kam nur kurz, um uns Bescheid zu geben. Diese Begegnung war so ehrlich und lustig, weil meine Klientin diesen kurzen Besuch total mit dem Charakter ihres Opas verbinden konnte.

Möglicherweise fragst du dich jetzt, warum man denn mit einem verstorbenen Menschen nochmal in Kontakt treten sollte. Oder vielleicht freust du dich unfassbar über dieses Kapitel, weil du mit einem Herzensmenschen nun erneut in

Kommunikation treten kannst. Ein Jenseitskontakt ist vor allem sehr heilsam, wenn es noch ungeklärte Dinge hier auf der Erde zwischen den Menschen gibt. Es fällt schwer, Abschied zu nehmen, wenn man durch Groll, Wut, Verzweiflung, Hilflosigkeit oder Verwirrung daran gehindert wird. Vor allem für die Hinterbliebenen ist ein Jenseitskontakt manchmal durchaus notwendig, damit sie innere Ruhe und inneren Frieden finden können. Doch auch für die Seele ist der Kontakt mit den Lebenden manchmal unfassbar wichtig, damit sie auf der neuen Ebene ankommen kann und die beginnende Transformation nicht durch Schuld- oder Schamgefühle behindert wird. Kommunikation und Vergebung sind die zwei Hauptgründe für einen Jenseitskontakt. Ein Jenseitskontakt sollte allerdings nicht aus der Intention heraus geschehen, die Realität des Todes zu verdrängen. Natürlich können wir über die Arbeit mit der Akasha Chronik auch weiterhin mit unseren Liebsten in Kontakt sein. Es ersetzt aber nicht die Kommunikation mit den lebenden Menschen, die einen auf der persönlichen Reise begleiten. Ein Jenseitskontakt ist eine wundervolle, heilsame Möglichkeit, weiterhin die Unterstützung von seinen liebsten Menschen einholen zu können. Es ist aber kein Grund, sich aus der allgegenwärtigen Realität zu flüchten.

Du brauchst vor einem Jenseitskontakt niemals Angst haben, auch wenn die Seele, die du gerne kontaktieren möchtest, nicht der einfachste Mensch auf dieser Erde gewesen ist. Denn du bist niemals allein während der Kommunikation. Deine Hüter, Meister und persönlichen Geistwesen sind zur Unterstützung immer an deiner Seite. Bist du trotzdem nervös, dann kannst du hierzu auch immer ein anderes, erfahrenes Medium um Unterstützung bitten.

Einen Jenseitskontakt herstellen

Wenn du einen Jenseitskontakt für dich herstellen möchtest, dann erinnerst du dich häufig noch sehr gut an diese Person. Du kannst zur Unterstützung aber immer ein Foto oder einen anderen Gegenstand vor dich stellen, der dich mit dieser Person gedanklich und somit auch energetisch verbindet. Wenn du für eine andere Person einen Jenseitskontakt herstellst, empfehle ich dir, vor allem am Anfang immer mit einem Bild zu arbeiten. Achte hierbei auf die Augen, denn sie sind die Verbindung zu der Seele, mit der du dich verbinden möchtest. Erscheint die Seele dann in deiner Akasha Chronik, trete mit ihr in Kontakt, so wie du es mit einem noch lebenden Menschen tun würdest. Du musst dich hier auch nicht zurückhalten, gerade wenn dich noch viele Emotionen belasten. Bleibe offen für die Botschaften, die von der Seele zu dir finden wollen, und wisse, dass du stets die Kontrolle über dieses Gespräch hast.

Die Sache mit dem, was man eigentlich nicht wissen will

Im Universum, in anderen feinstofflichen Dimensionen, auf anderen Planeten oder ganz allgemein innerhalb der geistigen Welt existiert nicht nur Licht, sondern auch Schatten. So wie es Menschen gibt, die eine tolle Ausstrahlung haben und einen positiven Fußabdruck hier auf der Erde hinterlassen, so gibt es eben auch Menschen, die eher aus niederen Motiven oder schweren Emotionen heraus handeln. Jedoch können auch die Menschen mit einer tollen Ausstrahlung Dunkelheit in sich tragen, ebenso wie Menschen mit niederen Motiven durchaus auch sehr lichtvolle Seiten in sich tragen. Menschen, die wirklich Böses tun, angefangen bei Mobbing bis hin zu Mord, sind nicht unbedingt schon mit bösen Absichten hier zur Erde gekommen. Diese Dunkelheit in ihnen wurde genährt von Gedanken, Emotionen und Erfahrungen, oftmals auch fehlender Unterstützung oder einem fehlenden Ausweg hier heraus. An dieser Stelle möchte ich einmal schwere psychische Erkrankungen, die manchmal ebenfalls die Grundlage von schweren Taten darstellen können, ausklammern. Dies hängt allerdings in der Regel miteinander zusammen, weshalb ich mich persönlich auch durch die Ausbildung zur Heilpraktikerin für Psychotherapie fortbilden möchte. Du merkst also schon, wie vielfältig und facettenreich die Gründe sein können, warum ein Mensch im vereinfachten Sprachgebrauch Gutes oder Schlechtes tut. Und ähnlich verhält es sich auch mit Wesen auf feinstofflicher Ebene. So wie es nach meiner Auffassung niemals von Grund auf schlechte Menschen gibt, so gibt es auch niemals grundlos negative, schwere oder dunkle Wesen. Lass es mich dir mal versuchen, so zu erklären: In jedem einzelnen Menschen existieren Licht- und Schattenanteile. Durch manche Erfahrungen, sehr tiefe und schwere Emotionen oder durch das Unterdrücken des eigenen wahren Kerns können die Schattenanteile irgendwann das eigene Licht verschlucken, sodass man diesen Menschen als „böse" abstempeln würde. Diese Menschen werden aber durch ihre tiefsten Emotionen angetrieben, die sie blind irgendwelche Handlungen ausüben lassen. Oft handelt es sich um Wut, Trauer, Neid oder Eifersucht. Entscheiden sich diese Menschen irgendwann, sich ihren Emotionen anzunehmen, anstatt weiter ihr Leben von ihnen bestimmen zu lassen, kann das Licht auch wieder durchkommen und sogar die Schatten überstrahlen. Doch manche Menschen sind ihr Leben lang von ihren emotionalen Dämonen geplagt, in manchen seltenen Fällen sogar zusätzlich von „bösen" feinstofflichen Wesen gelenkt. Denn je mehr ein Mensch sich gegen das eigene Licht wehrt, desto offener wird er für negative Einflüsse aus anderen Dimensionen. Denn Energie zieht Energie an.

Je mehr sich ein Mensch durch diese schweren Emotionen außerdem selbst verletzt, desto brüchiger wird sein eigenes energetisches Feld, sodass Wesen durch die Aura Einfluss auf den Menschen nehmen können. Hast du schonmal von Menschen gehört, die sehr schlimme Dinge getan haben, festgenommen werden und ihre Taten erstens nicht bereuen und sich zweitens manchmal gar nicht wirklich erinnern, was passiert ist? Hier kann häufig eine solche „Übernahme" stattgefunden haben. Doch auch diese negativen, schweren und dunklen Wesen sind nicht einfach „böse geboren", auch sie haben durch Erfahrungen, Verletzungen und Schmerz ihr Licht verloren. Außerdem brauchst du nicht denken, dass es im Universum keine Streitereien oder Auseinandersetzungen gibt. Auch dort herrschen gewisse Regeln, um ein Chaos zu vermeiden sowie ein geordnetes Miteinander gewährleisten zu können. Doch nicht immer ziehen alle an einem Strang, weshalb es manchmal zu wichtigen Zusammenkünften bis hin zu kriegsähnlichen Auseinandersetzungen kommt. Merke dir also bitte eines: Kein Mensch und kein Wesen ist von Grund auf schlecht, es sind die Erfahrungen und der Schmerz, weshalb die Schatten das Licht überstrahlen. Doch wisse auch, dass du dich mit negativen Menschen oder schweren Wesen weder umgeben noch beschäftigen musst. Es ist einfach wichtig für dich zu wissen, dass diese Wesen existieren! Denn je mehr du dich für deine wahre Essenz, deine spirituellen Fähigkeiten sowie dein Erbe als magisches Wesen, als kraftvolle Hexe hier auf der Erde öffnest, desto mehr feinstoffliche Dinge werden dir auch begegnen.

Doch negatives Feinstoffliches oder „Überdimensionales" muss dir nicht unbedingt nur von feinstofflichen Wesen begegnen, sondern kann durchaus auch von Menschen angewiesen werden. Flüche, Voodoo-Zauber oder Beschwörungen sind nur ein paar Beispiele. Als Akasha Chronik Medium bist du immer mit unserer Quelle, Schöpfung, Gott oder dem Begriff deiner Wahl verbunden, sodass du stets lichtvolle Magie ausüben wirst. Du wirst also Menschen helfen, anstatt ihnen zu schaden.

Über die Akasha Chronik ist es außerdem gar nicht möglich, anderen Schaden zuzufügen, sonst würdest du hochkant dort oben rausfliegen – zumindest für eine kleine Zeitspanne, bis du dein Licht wiedergefunden und deine Emotionen ergründet hast. Doch es gibt Menschen, Hexen, Schamanen, Voodoo-Priester:innen oder andere Magie-Verbündete, die ihre Kraft von anderen Quellen beziehen und daher durchaus Schaden anrichten können. Über die Akasha Chronik kannst du aber spielend leicht negative Magie, Flüche oder nicht gewollte Anhaftungen erkennen, auflösen oder zurückschicken. Es gibt keine negative Magie, die du über die Akasha Chronik nicht lösen kannst, denn über die Akasha Chronik arbeitest du stets in der höchsten Frequenz des Universums, nämlich der Liebe. Und Liebe schwingt höher als jede existierende negative Frequenz sowie Existenz.

Nochmal zusammengefasst gibt es also negative Energien, die aus feinstofflichen Ebenen kommen und dir in Form von dunklen Wesen begegnen können. Außerdem gibt es negative Energien, die von anderen Menschen bewusst ausgesandt werden können, um anderen Menschen zu schaden

oder sie zu verletzen und die dir in Form von negativer Magie, Flüchen oder nicht gewollten Anhaftungen begegnen können. Lass uns dort noch etwas tiefer einsteigen, damit du weißt, womit du es eventuell konkret zu tun haben könntest, wie du damit umgehen kannst, wenn es dir begegnen würde, und damit du verstehst, dass du überhaupt keine Angst davor haben brauchst!

Negative feinstoffliche Wesen

Als ich begonnen habe, mit der Akasha Chronik zu arbeiten, dachte ich, dass wenn ich mich gedanklich nicht mit gruseligen, negativen oder schweren Wesen auseinandersetzen würde, ich sie auch gar nicht erst in mein Feld ziehen würde. Mittlerweile arbeite ich sehr häufig mit dieser Form von Energien und habe sie auch öfters mal zu Besuch in meiner Wohnung, wenn ich vergessen habe, meinen Schutz zu erneuern. In einer Zeit, in der ich fast täglich mit dunklen Wesen konfrontiert wurde, habe ich auch von meinem Geistführer erfahren, dass mir ein Anteil oder eine gewisse Energie des Engels Galadriel – ein Engel des Kampfes – in diese Inkarnation mitgegeben wurde. Dieser Engel konzentriert sich vorwiegend auf die Aufgabe, das Gleichgewicht zwischen Licht und Dunkelheit wieder herzustellen. Selbst wenn ich gewollt hätte, hätte ich mich dieser Aufgabe nicht verschließen können. Fakt ist allerdings, dass wenn du dich für deine innere Hexe, deine spirituellen Fähigkeiten und Gaben öffnest, dir unweigerlich nicht nur die lichtvollen Wesen begegnen werden. Doch du brauchst davor wirklich keine Angst zu haben, denn ich möchte dir in diesem Kapitel auch direkt verraten, wie du mit negativen Wesen umgehen kannst.

Negative Wesen können dir auf sehr unterschiedliche Weise begegnen. Hier ein paar Beispiele:

- Du kannst sie über dein Hellsehen (dein drittes Auge) in deiner Umgebung wahrnehmen oder über dein Hellfühlen spüren.
- Du kannst sie an der Seite von anderen Menschen sehen/spüren, weil sich ein Wesen an dessen Energie geheftet hat.
- Du kannst sie an bestimmten Orten wahrnehmen, da sie durch ihren Tod an diesen Ort/Gegenstand gebunden sind.
- Du kannst sie durch die Straßen irren sehen, weil sie nach ihrem Tod die Orientierung verloren haben.
- Du kannst sie IN einem Menschen erkennen (z.B. als schwarze Stellen in der Aura).

Du kannst sie nur sehr, sehr selten in deiner Akasha Chronik wahrnehmen, da deine Chronik ein lichtvoller, geschützter Ort ist. Begegnen dir negative Wesen auf feinstofflicher Ebene, bist du häufig nicht mit der Quelle oder der Akasha Chronik verbunden, sondern schwirrst auf irgendwelchen Ebenen dazwischen. Nimm dir dann nochmal einen Moment Zeit, verbinde dich mit deinem Herzen und erneut mit der Akasha Chronik, bis du auf deine Hüter, Meister und deine persönlichen Geistwesen triffst. Reinige und schütze regelmäßig deine Aura, damit keine negativen Wesen durch „energetische Löcher" schlüpfen können. Starker Alkohol- oder Drogenkonsum, schwere (psychische) Erkrankung oder tiefe, schwere Emotionen bringen dein energetisches Gleichgewicht für einen kurzen und manchmal auch längeren Zeitraum durcheinander. So entstehen manchmal Lücken in deiner Aura, durch die dunkle Wesen schlüpfen können. Entlässt man diese dann nicht wieder aus dem eigenen Energiesystem, können die Symptome häufig noch verstärkt werden, bis man manchmal das Gefühl hat, gar nicht mehr man selbst zu sein. Kein Wunder – ist man in dem Moment ja auch nicht mehr!

Anzeichen für Übergriffe von schweren Wesen auf Menschen können folgende sein:

- Depressionen,
- häufige Panikattacken,
- auffällig verrücktes Verhalten,
- apathisches Verhalten,
- starke Hautveränderungen in kürzester Zeit,
- Kontrollverlust über den Körper,
- Schlafwandeln.

Bisher konnte ich sehr schnell, leicht und bodenständig mit dunklen Wesen umgehen. Begegnen dir also dunkle Wesen, hast du drei Möglichkeiten, zu reagieren:

1. **Verbinde dich mit deiner Akasha Chronik und versuche, mit dem Wesen in Kontakt zu treten.** Manchmal braucht ein Wesen deine Hilfe, damit es das eigene Licht wiederfinden kann. Wenn du also mutig bist, dann frage das Wesen, ob und wie du ihm helfen kannst.

2. **Anschließend kannst du es „ins Licht schicken" oder einfach ans Universum abgeben.** Wenn du dich nicht traust oder einfach keine Lust hast, mit diesem Wesen zu sprechen, kannst du das auch direkt über deine Akasha Chronik

anweisen. Visualisiere gerne zusätzlich eine Lichtsäule, durch die das Wesen in eine andere Ebene aufsteigen kann. Und das war's! Schon ist das Wesen nicht mehr in deiner Nähe.

3. **Spezialfall:** Wenn du ein Wesen IN einem Menschen wahrnimmst, dann schickst du es AUS dem Menschen heraus ins Universum. Anschließend reinigst und schützt du das Energiesystem.

In sehr seltenen Fällen hatte ich es bisher mit sehr mächtigen Wesen zu tun, die nicht sofort verschwinden wollten und etwas hartnäckiger waren. Hier hole ich mir dann zusätzliche Unterstützung von meinen Engeln, die das Wesen abholen kommen. Wisse, dass du jederzeit um Hilfe und Unterstützung bitten darfst, und sie wird dir auch gewährt werden.

Ich empfehle dir von Herzen, deine Wohnung oder dein Haus regelmäßig auszuräuchern und von deiner Akasha Chronik vor negativen Energien schützen zu lassen. Diesen Schutz solltest du öfters erneuern, wenn du das Gefühl hast, wieder vermehrt feinstofflichen Besuch zu bekommen. Ich habe zum Beispiel jedes Fenster sowie jede Tür durch einen energetischen Riegel verschlossen. Zur Verstärkung habe ich noch Säckchen in manchen Ecken stehen, die mit Salz gefüllt sowie mit schützender Energie durch die Akasha Chronik aufgeladen worden sind. Einige Turmalinspitzen runden meinen energetischen Schutz zuhause ab. Ich verlasse jedoch mindestens dreimal am Tag mein Haus, um mit meinen Hunden spazieren zu gehen und durchbreche somit das Siegel für einen kurzen Moment an meiner Haustür. Ich wechsle regelmäßig die Zimmer, störe also hier die Frequenz an den Zimmertüren und manchmal muss ich auch mal lüften und die Fenster aufreißen. Solche kleinen Gelegenheiten rütteln an der Energie des Schutzes. Daher ist es wichtig, diesen Schutz regelmäßig zu erneuern, damit du anderen Wesen erst gar keine Möglichkeit bietest, es sich in deiner Nähe bequem zu machen.

Lass mich dir zum Thema feinstoffliche Wesen noch zwei Geschichten erzählen. Im Jahr 2021 bin ich aus der Wohnung meines Exfreundes ausgezogen. Die Wohnung, die ich dann bezogen habe, war komplett neu renoviert, das Haus an sich gab es allerdings schon sehr lange. Eines Nachts wachte ich auf, weil meine Hündin etwas am Bettende anbellte. Ich nahm zuerst nichts wahr, veranlasste dann aber über meine Akasha Chronik, dass sich alle anwesenden Wesen offenbaren sollen. Plötzlich sah ich eine schwarze Gestalt am Bettende. Ich fragte nach, wer sie sei und was sie hier gerade will, doch ich bekam keine Antwort. Mein geistiges Team konnte mir auch nicht helfen, da sich das Wesen nicht für eine Kommunikation öffnen wollte. Meine Hündin hatte wieder Ruhe gegeben, also entspannte ich mich auch, doch alles, was ich herausfinden konnte, war, dass es sich wohl um eine Frau handelte. Ich bat sie zu gehen, doch sie rührte sich nicht. Als sie dann an die Seite meines Bettes trat und sich hinsetzte, rief ich meine Engel, die Frau aus der Wohnung zu geleiteten. Wenige Wochen später war sie wieder da. Ich sagte ihr, dass wenn sie mir nicht ihren Grund verräte, weshalb sie nachts an mein Bett kommt, ich ihr auch nicht wirklich helfen könnte und mein geistiges Team dann ab hier übernehmen würde. Denn wenn ich ihre Absichten nicht kenne, steht mein persönlicher Schutz über ihrer Anwesenheit. Ich sagte ihr auch, dass ich dann keine Kontrolle mehr darüber hätte, ob und wie sie zurück auf die Erde kommen könnte, um ihre Aufgaben zu erledigen, aber jetzt könne sie meine Hilfe und Unterstützung noch in Anspruch nehmen. Plötzlich lichtete sich der Schleier, die Dunkelheit verschwand und eine ältere Dame zeigte sich. Sie sagte mir, dass sie nicht erkannt werden wollte, da sie gerne durch das Haus und die einzelnen Zimmer wandere. Es war eine vorherige Hausbesitzerin, die weiterhin auf das Haus achtgeben wollte und es laut eigener Aussage genieße, das Haus wieder mit Leben gefüllt zu sehen. Ich sagte ihr, dass ich nachts meine Ruhe brauche und sie nicht einfach unangekündigt meine Privatsphäre missachten könne. Es war ihr sehr unangenehm und so schlossen wir einen Handel. Sie darf tagsüber mit meiner Erlaubnis frei durch die Wohnung tingeln. Wenn ich abends dann aber meine Schutzrituale durchführe, hat sie ebenso wie alle anderen Wesenheiten meine Wohnung zu verlassen. Seitdem gab es mit ihr keinerlei Probleme mehr.

Eine andere Geschichte erlebte ich mit einer anderen Person. Eine Frau kam zu mir, weil es ihr seit Monaten sehr schlecht ginge. Ihr Partner riet ihr, sich Hilfe von außen zu suchen, weil sie nur noch ein Hauch ihrer selbst war. Sie erzählte mir, dass sie in den kleinsten Situationen rasend vor Wut werden würde, Dinge durch die Gegend warf, laut zu schreien anfing und sich gar nicht mehr unter Kontrolle hatte. Sie sagte mir, dass sie mittlerweile Angst vor sich selbst habe. Schon als meine Klientin den virtuellen Raum betrat, nahm ich dunkle Schatten im Hintergrund wahr, die sich über die Verbindung mit ihrer Akasha Chronik etwas deutlicher zeigten. Ein junger Mann stand hinter ihr, hatte beide Hände auf ihren Schultern abgelegt und lächelte fast boshaft über sie hinweg. Ich fragte meine Klientin, seit wann sie dieses unkontrollierte Verhalten bei sich bemerken würde, und sie sagte mir, dass wäre ungefähr zur gleichen Zeit gewesen, als ihr Bruder verstarb. Ich fragte sie, ob ihr Bruder eine Brille getragen hatte, gerne Polo-T-Shirts trug und seine Haare etwas länger, bis kurz über die Ohren trug. Sie nickte und ich sagte ihr, dass er hinter ihr stehen würde und sich nach seinem Tod an sie geheftet hätte. Sie erzählte mir daraufhin, dass ihr seit dem Tod ihres Bruders auch ständig kalt im Nacken sei, als würde ihr jemand in den Nacken atmen, und sie hätte starke Verspannungen im oberen Rücken. Ich fragte ihren Bruder, warum er da ist und was er von meiner Klientin wollen würde. Brodelnde Wut sprang mir entgegen. Er sagte es nicht wortwörtlich, jedoch spürte ich, dass er neidisch war, weil seine Schwester noch lebte und er dieses Leben nicht mehr führen konnte. Meine Klientin bestätigte mir den Gedanken und erzählte, dass die beiden auch zu Lebzeiten kein gutes Verhältnis hatten. Ihr Bruder hätte ihr ihre Erfolge immer missgönnt, vorgeworfen, dass sie das Lieblingskind ihrer Eltern gewesen sei und nur durch diese Unterstützung so ein gutes Leben führen könne. Natürlich stimmte das nicht, aber seine tiefen, schweren Emotionen hatte er mit in eine andere Dimension genommen. Wir lösten hier den Einfluss des Bruders von meiner Klientin, indem wir ihn fortschickten aus ihrem persönlichen Energiefeld. Wir errichteten außerdem eine gewisse Barriere, sodass der Bruder nicht mehr einfach Kontakt zu ihr aufnehmen könne, ohne, dass sie ihre ausdrückliche Einwilligung dazu gibt.

Leider war es nicht möglich, auf einer neutralen Ebene mit ihm zu sprechen, um ihn erlösen zu können. Doch die Hauptsache war, dass sich meine Klientin nun viel freier fühlte und wieder vollkommen sie selbst sein konnte.

Allein diese beiden Geschichten zeigen dir, wie unterschiedlich und individuell die Begegnungen mit anderen Dimensionen sein können.

Lass dich noch etwas durch die Akasha Chronik **ERMUTIGEN**:

„**HAB KEINE ANGST, NIEMALS**. Und wisse, dass deine Worte Macht besitzen. Selbst wenn du dich noch nicht mit deinen geistigen Schutzwesen verbunden hast, so reicht dein 'Nein' aus, um anderen Wesen deine Nähe zu verweigern. Jedoch sind negative Wesen sehr hilflos und gefangen in sich selbst. Sie wollen in der Regel niemandem Schaden zufügen, können sich aber anders nicht mehr bemerkbar machen. Manche Wesen wissen auch gar nicht, dass sie überhaupt existieren. Es gibt immer Wesen, die schlimme Dinge aus vollem Bewusstsein heraus tun. Doch genau für diese Fälle hast du sehr viel Schutz an deiner Seite. Ein böses Wesen kann dich nur bedrängen oder in dich eindringen, wenn du es einlädst und zulässt. Kein geistiges Wesen, weder positiv noch negativ, kann etwas entgegen deines freien Willens tun. Achte einfach gut auf dich und lasse dich auf keine Spielchen seitens der Wesen ein. Sie wissen genau, was sie tun, du jedoch auch. Schütze dich, deine Gedanken und Energie. Und sei dir darüber bewusst, dass du über deine eigene Energie stets die Kontrolle hast."

Negative Magie, Flüche und Anhaftungen

Wenn ich nun von negativer Magie, Flüchen oder Anhaftungen spreche, dann meine ich dunkle Energien, die von einem anderen Menschen angewiesen wurden. Diese kommen in der Regel nie aus der geistigen Welt allein. Doch sie haben auch nicht den Weg über die Akasha Chronik genommen, denn diese Form des spirituellen Arbeitens hat nichts mehr mit bedingungsloser Liebe zu tun. Menschen beziehen sich auf diese Form der Magie, weil sie in ihren eigenen Emotionen gefangen sind und sich nicht mehr anders zu helfen wissen. Rachegelüste, tiefe Wut, bodenloser Zorn oder überwältigende Trauer sind häufig Auslöser für schwere Magie. Um negative Magie auszuüben, Flüche zu verschicken oder eine Wesenheit als Anhaftung an einen anderen Menschen zu schicken, bedarf es dunkler Rituale, die ich hier nicht näher ausführen werde. Über die Akasha Chronik können wir diese Form der Magie sehr schnell aufdecken und anschließend auflösen, denn Liebe ist die höchste Frequenz des Universums. Deshalb wird das Auflösen über die Akasha Chronik auch immer klappen!

Lösen wir diese negative Magie dann über die Akasha Chronik, wird sie sehr häufig an den oder die Empfänger:in zurückgeschickt. Das können wir auch nicht verhindern, denn dieser Mensch hat diese Form der Magie aus vollem Bewusstsein heraus ausgeübt. Deckst du beispielsweise einen Armutsfluch auf und löst diesen dann auf, wird er an den Empfänger zurückgeschickt, der dann mit den Auswirkungen dieses Fluches umgehen muss. Ebenso verhält es sich mit Anhaftungen durch schwere Wesen. Erkennst du über die Akasha Chronik, dass ein Wesen an deiner Seite ist, welches durch einen anderen Menschen geschickt wurde, und löst die Verbindung, dann geht das Wesen zum Empfänger und fordert dort seine „Schulden“ ein. Ich sage dazu nur ein Wort: **Karma**. Allerdings sollte genau dieser Mensch durchaus spirituell genug sein, um dann mit den zurückgesandten Energien auch umgehen zu können. Irgendwie hat er es ja auch geschafft, sie auszusenden. Da mir hier schon sehr viele individuelle Fälle begegnet sind, kann ich dir keinen allgemeingültigen Weg erklären, wie du in Situationen mit negativer Magie, Flüchen oder Anhaftungen umgehst. Allerdings hast du die weltbeste Unterstützung an deiner Seite, nämlich deine Akasha Chronik! Lass dich hier von deinen Hütern, Meistern und persönlichen Geistwesen durchführen, denn sie wissen zu jederzeit ganz genau, was zu tun ist. Außerdem kannst du dir natürlich auch immer andere gut ausgebildete oder erfahrene Akasha Chronik Hexen zur Unterstützung holen, die mit dir gemeinsam arbeiten. Diesen Punkt finde ich generell wichtig. Denn nur weil wir etwas können, müssen wir es nicht immer allein durchstehen.

Lass dich noch etwas durch die Akasha Chronik ERMUTIGEN:

„**FLÜCHE SIND DIE EINZIGE AUSNAHME**, die den freien Willen eines Menschen brechen können. Es kommt eine sehr starke Macht eines anderen Menschen gepaart mit einer sehr starken bösen Macht zusammen. Es gibt viele Formen, wie diese Art der Magie ausgeübt und angewendet werden kann, doch sie hat nichts mit unserer lichtvollen Quelle zu tun. Dadurch, dass hier der starke Wille eines anderen Menschen bewusst angewendet wird, um Schaden anzurichten, kann der Wille eines anderen Menschen beeinflusst werden. Jedoch nur in Einzelfällen und wenn dieser Mensch weder auf sein System, seine Energie oder seinen energetischen Schutz achtgibt. Sehr starke, machtvolle und spirituelle Menschen erkennen einen solchen Angriff häufig und können ihn dann abwehren. Doch ist der Fluch einmal haften geblieben, kann man ihn auch dann noch abtrennen und zurückschicken. Denn die Kraft unserer Quelle ist stets mächtiger als jede negative Magie, die existiert. Einmal aufgedeckt, kann sie auch gebannt werden."

Die Sache mit der Tierkommunikation

Am Ende dieses Kapitels noch etwas richtig Schönes! Mithilfe der Akasha Chronik können wir auch mit unseren liebsten vierbeinigen Familienmitgliedern in Kontakt treten. Dabei ist es total egal, ob du einen Hund oder eine Katze zuhause hast. Du kannst auch genauso mit Hoftieren wie Hühnern, Gänsen, Schweinen, Kühen, Pferden, etc. über die Akasha Chronik in Kontakt treten. Rein theoretisch könntest du das auch mit freilaufenden oder wilden Tieren tun, die dir beim Waldspaziergang begegnen. Jedoch kommt es hier ganz darauf an, wie offen diese Tiere für uns Menschen sind. Bisher ist es mir genau einmal gelungen, eine wirklich intensive und magische Kommunikation mit einem Hirsch zu führen. Bis heute glaube ich, dass das auch nur so gut geklappt hat, weil der Hirsch mein Krafttier ist und in diesem Moment eine sehr wichtige Botschaft über ihn zu mir fließen wollte. Und ich will dich hier gar nicht anlügen, es war auch für einen kurzen Moment etwas beängstigend, dass dieses majestätische und riesengroße Tier in unmittelbarer Nähe vor mir stehen blieb, um mit mir zu sprechen. Ansonsten ist es bei Wildtieren eher so für mich, als würde ich nur Sequenzen oder einzelne Worte aufschnappen und das eben nur, wenn diese sich überhaupt öffnen wollen.

Anders ist es mit den Tieren, die mit uns zusammenleben und an Menschen gewöhnt sind, für uns sogar Zuneigung und Liebe empfinden. Hier kann eine Tierkommunikation viel Heilung und Klarheit bewirken. Denn wir beginnen nicht nur, unsere Tiere wahrhaftig zu verstehen, sondern können unseren Tieren auch wirklich verständlich machen, was in uns als Mensch vorgeht. Das schafft eine sehr starke Vertrauensbasis und stärkt das Band zwischen dir und deinem Tier!

Lass mich dir zu diesem Thema eine persönliche Geschichte erzählen. Seit 2019 wohnt mein Hund Sam bei mir. Er kam auf einigen Umwegen zu mir. Letztendlich war aber klar, dass er bei mir landet, denn Sam ist mein Seelenhund und wir verbringen nicht die erste Inkarnation miteinander. Bevor Sam bei mir einzog, verbrachte er ca. zwei Jahre auf der Straße in Ungarn und wurde dort auch geboren. Bei mir fand er sein erstes richtiges Zuhause. Dadurch brachte mein kleiner Knirps natürlich einige Themen mit, die er in der ersten Zeit seines Lebens durchleben musste. Wir lösten hier einiges an tiefen Themen, Emotionen sowie Glaubenssätzen auf. Außerdem hatte Sam von Beginn an chronische Magenbeschwerden. Mehrmals im Monat musste ich mit ihm Nächte im Park verbringen, in denen er durch

Grasfressen versuchte, seine Magenkrämpfe in den Griff zu bekommen.

Natürlich arbeiteten wir hier immer auch mit der Akasha Chronik und ich schickte ihm heilende Energie und fragte ihn, wie ich ihn sonst unterstützen könne. Wir kamen immer wieder auf dieselbe Antwort. Dadurch, dass Sam und ich schon so einiges in früheren Leben miteinander erlebt haben, kam er auch in diese Inkarnation mit der Aufgabe, mich zu beschützen und im Leben zu unterstützen. Tatsächlich war ich ein Jahr nach seiner Ankunft plötzlich Single und komplett auf mich allein gestellt. Ich wüsste nicht, wie ich diese Anfangszeit ohne ihn überstanden hätte. Als Beschützer nimmt Sam mir sehr häufig meine Emotionen ab, die ihm dann auf den Magen schlagen. Und da ich selbstständig und ein sehr emotionaler Mensch bin, kommt da einiges zusammen! Nun ja, eines Nachts hatten Sam und ich einen Durchbruch. Er sagte mir, dass er sich eine Schwester wünscht, jemanden, mit dem er sich die Aufgabe als Beschützer teilen kann, sodass er auch mal die Verantwortung abgeben kann, um sich mit seinen eigenen Themen zu beschäftigen. Und diese Zeit für sich braucht er auch, denn Sam ist unheimlich feinfühlig und spirituell. Ich willigte ein und fragte ihn, wie ich eine Schwester für ihn finden kann, die auch zu ihm und in unsere Familie passt. Sam antwortete mir, dass seine Seelenschwester ebenfalls vor kurzer Zeit inkarniert ist und man ihr hier unten den Namen *Coco* gegeben hat. Er gab mir wirklich sehr konkrete Anweisungen, und es dauerte keinen Monat, bis ich sie fand, seine Seelenschwester. Ein Streunerverein in Rumänien hatte eine bezaubernde Hundedame namens *Coco* auf der Homepage. Ich sah, dass die Anzeige schon mehrere Monate online war und machte mir Anfangs keine große Hoffnung. Denn Coco ist wirklich eine wunderschöne, kleine Hunderasse, die in der Regel sehr beliebt bei Adoptanten ist. Ich vertraute auf das Schicksal, wenn sie Sams Seelenschwester sei, dann würde es auch klappen. Ich schrieb dem Streunerverein und bekam wenige Tage später die Rückmeldung, dass ich die erste Person sei, die sich auf Cocos Inserat meldete. Da war klar, Coco wird nach Hause kommen. Mit der Adoption klappte auch alles einwandfrei und reibungslos, sodass Coco drei Monate nach diesem einen Gespräch mit Sam bei uns einzog. Und seitdem sind Sams Magenprobleme um Welten besser geworden! Wir waren seitdem keine einzige Nacht mehr draußen unterwegs und sein Gemütszustand hat sich auch ganz allgemein stark verbessert. Sam und Coco sind ein Herz und eine Seele, man spürt ihre Verbindung auch physisch, nicht nur auf energetischer Ebene. Dieses Ereignis in meinem Leben hat mir und Sam so viel Frieden gebracht, was für mich ohne die Tierkommunikation nicht möglich gewesen wäre.

Mittels der Tierkommunikation kannst du also in Erfahrung bringen, wie es deinem Tier gerade körperlich oder emotional geht. Du erfährst die Bedürfnisse deines Tieres und kannst auf sie eingehen. Du kannst deinem Tier bei Beschwerden helfen und sparst dir so vielleicht den ein oder anderen Tierarztbesuch, weil der Kern sowieso nicht körperlich ist. Nichtsdestotrotz ist es wichtig, manches mit einem Arzt abzuklären, vor allem dann, wenn der Körper weitere Unterstützung braucht, selbst wenn der Kern eine seelische Ursache ist. Du kannst dein Tier auch auf Veränderungen, Umzüge oder Reisen im Leben vorbereiten, um unnötige Stresssituationen für dein Tier zu vermeiden bzw. den Stress so gering wie möglich zu halten. So bin ich auch bei Coco verfahren. Nachdem ich alles unterschrieben sowie die Schutzgebühr der Adoption überwiesen hatte und Coco ganz offiziell schon zu unserer Familie gehörte, nahm ich das erste Mal Kontakt zu ihr auf. Ich wollte sie an meine Energie gewöhnen und ihr Sicherheit schenken, wenn der Aufbruch für sie losgehen würde. Ich erzählte ihr immer wieder, wie sehr wir uns auf sie freuen und was sie hier alles erwartet. Es dauerte ein paar Wochen, bis sie sich auch mir öffnete und ich ihre Vorfreude ebenfalls spüren konnte. Als dann der Transport von Rumänien nach Deutschland stattfand, habe ich mich mit ihr alle 2–3 Stunden verbunden, habe ihr Energie geschickt, ihr Nervensystem versucht zu beruhigen und ihre Aufmerksamkeit immer wieder darauf gelenkt, dass sie bald ankommt. Ich spürte nämlich eine große Angst und Nervosität, weil in diesem Transporter unheimlich viele Hunde waren, die ganz gemischte Gefühle hatten, die natürlich alle Hunde wahrnehmen konnten. Zu Beginn stellte ich mich auf eine eingeschüchterte Hundedame ein, denn alle sagten mir auch, dass sie superängstlich sei. Doch sie kam schon direkt bei der Ankunft aus ihrer schützenden Transportbox und erkundete ihr neues Zuhause. Sicherlich hat hier die vorherige Tierkommunikation einiges bewirken können.

Mithilfe der Tierkommunikation kannst du außerdem wie bei einem Menschen auch mit vergangenen Themen, Glaubenssätzen und Emotionen arbeiten, um hier eine kraftvolle Befreiung bewirken zu können. Die Tierkommunikation ist unheimlich facettenreich und lehrreich für uns Menschen. Denn wenn du mit Tieren Kontakt aufnimmst, darfst du einmal mehr lernen, was es bedeutet, die Kontrolle wahrhaftig abzugeben.

Mit Tieren kommunizieren

Wenn du mit einem Tier in Kontakt treten möchtest, dann verbinde dich gerne mit deiner Akasha Chronik und bitte darum, dass das höhere Selbst dieses Tieres in deiner Akasha Chronik erscheint. Anschließend übergib bitte wahrhaftig das

Ruder an das Tier. Denn das Tier möchte dich vielleicht an einen Ort führen, an dem es sich ganz besonders wohlfühlt und an dem es sich für dich öffnen möchte. Lass deinem Tier auch Zeit und warte auf ein Signal, dass es nun bereit ist, mit dir energetisch zu kommunizieren. Gerne kannst du dann deine Fragen stellen und dich aber auch dafür öffnen, dass dein Tier ebenso viele Fragen an dich hat. Da unsere Tiere seelisch sehr stark mit uns verbunden sind, kommen in der Kommunikation häufig Themen auf, die im Grunde unsere eigenen (menschlichen) Themen sind. Vor allem Haustiere wie Hunde und Katzen, die mit uns in einer Wohnung leben, gleichen sich nicht selten unserem Energiesystem an, sodass sich hier eben auch Themen ihrer Menschen widerspiegeln. Erinnere dich an meine Emotionen in Sams System! Um deinem Tier zu helfen, darfst du also ganz häufig mit dir selbst arbeiten. Ansonsten wird dir das Tier genau das eröffnen, wozu es bereit ist, dir zu zeigen, und dann lässt du dich einfach durch diese Themen, Situationen oder Emotionen von dem Tier hindurchführen. In diesem Prozess darfst du mit Einwilligung des Tieres aber direkt auch in die Auflösung und Befreiung gehen.

Natürlich kannst du auch mit Tieren von anderen Menschen kommunizieren und sprechen. Tue dies aber bitte niemals ohne die Einwilligung des oder der jeweiligen Besitzer:in und respektiere hier den freien Willen des Menschen. Kennst du ein Tier nicht so gut, dann lasse dir gern ein Foto zukommen, auf dem du die Augen des Tieres gut erkennen kannst. So baust du schon vorab eine Verbindung zur Seele des Tieres auf. Mit fremden Tieren kannst du dich außerdem über die Akasha Chronik der oder des Besitzer:in verbinden. Hier ist die Chance größer, dass sich die Tür wahrhaftig für dich öffnen kann, da es mit der Energie seines Menschen vermutlich eher resoniert als mit deiner Energie, die in diesem Fall völlig fremd für das Tier ist.

9

Arbeiten mit Krankheiten und Beschwerden

Das letzte und wohl wichtigste Thema, das ich nun mit dir erarbeiten möchte, betrifft den menschlichen Körper. Denn dein Körper ist das Raumschiff deiner Seele und dafür verantwortlich, dass du diese Inkarnation erleben kannst, und ohne ihn wärst du einfach ein feinstoffliches Wesen. Da aktuell immer noch sehr viele Menschen blind für ihre Fähigkeiten durchs Leben gehen, würdest du von diesen Menschen auch gar nicht wahrgenommen werden und könntest nicht mit ihnen interagieren.

Ohne deinen Körper könntest du außerdem viele menschliche Erfahrungen gar nicht sammeln, denn dein Körper macht es dir erst möglich, das menschliche Dasein wirklich zu erleben. Kümmerst du dich jedoch nicht genug um dein Raumschiff, wird es irgendwann immer mehr kaputt gehen, bis es bald gar nicht mehr funktioniert und du nur noch auf einer Stelle stehen kannst oder auf die Hilfe von anderen angewiesen bist, die sich um dein Raumschiff kümmern. Natürlich gibt es immer einen gewissen Alterungsprozess, dem auch dein persönliches Raumschiff nicht entkommen kann. Jedoch kannst du den Zustand deines Raumschiffes durch eine gute Pflege beeinflussen.

Du verstehst die Metapher, die ich dir hier gerade versuche zu erklären? Du brauchst deinen Körper, um diese aktuelle Inkarnation wahrhaftig leben zu können. Daher ist es unfassbar wichtig, dass du nicht nur geistig arbeitest, indem du dir Unterstützung aus deiner Akasha Chronik holst, sondern eben auch weltliche, körperliche und physische Dinge in deinen Prozess miteinbeziehst. Lass mich dir dazu noch ein Beispiel geben!

Ein sehr guter Arzt kann durch verschiedene Behandlungsmethoden möglicherweise Krebs heilen. Doch liegt hinter dem Krebs ein anderer Grund, den dieser Arzt nicht auf körperlicher Ebene feststellen kann, wird der Krebs immer und immer wieder in den Körper zurückkehren, bis der Arzt zur Diagnose „unheilbar" kommt. Nun wird bei einer Person Krebs diagnostiziert und anstatt zum Arzt zu gehen, sucht diese Person Unterstützung bei ihrem geistigen Team. Ihr wird gesagt, dass der Krebs vor drei Jahren entstanden sei, als die finanziellen Sorgen auf ihren Körper übergegangen seien. Sie löst ihre Sorgen auf, indem sie mit Glaubenssätzen arbeitet, Karma in Bezug auf ihre Finanzen auflöst, Schattenarbeit leistet und sich von der gesamten Schwere ihres Lebens in Bezug auf Geld befreit. Doch der Krebs ist anschließend noch da, weil diese Person in den letzten drei Jahren vor lauter Sorgen ihr Haus nicht verlassen hat und deshalb ein sehr geschwächtes Immunsystem hat. Sie müsste zum Arzt gehen, der ihr genau die richtigen Medikamente verschreiben würde, um das Immunsystem wieder aufzupäppeln, damit der Körper anschließend den Krebs selbst heilen könnte.

Worauf will ich hinaus? Manchmal reicht es nicht, nur zum Arzt zu gehen und Medikamente einzunehmen. Und manchmal reicht es nicht, nur energetisch zu arbeiten und darauf zu hoffen, dass sich der Körper von allein regeneriert. Ganzheitliches und nachhaltiges Arbeiten bedeutet, beide Komponenten miteinzubeziehen, damit gegebenenfalls **Heilung** möglich ist.

Nach meiner Auffassung und nach meiner Erfahrung gibt es keine Krankheit, kein körperliches Gebrechen und keine körperliche Einschränkung, die nicht geheilt werden kann. Der natürliche Alterungsprozess ist hier ausgenommen, da der menschliche Körper nicht dafür gemacht ist, ewig zu leben.

Ich habe schon einige Wunder erleben dürfen. Eine von meinen spirituellen Lehrerinnen hat sich aus ihrer Querschnittslähmung zurück ins Leben gekämpft, nur um jetzt wieder ganz normal laufen zu können, Sport zu treiben und ihre Erfahrung mit anderen Menschen zu teilen. Ich arbeitete mit einer Klientin tatsächlich an der Diagnose Krebs. Nachdem ich sie nach unserer Session zum Arzt schickte, schrieb sie mir 6 Monate später eine E-Mail, dass der Befund nun nicht mehr da wäre, obwohl ihr jeder ihrer Ärzte erklärte, dass sie lernen müsste, mit der Diagnose zu leben. Ich arbeitete mit einer Frau an beruflichen Themen, erst am Ende unserer Session und nur weil wir noch Zeit hatten, widmeten wir uns ihren Brustschmerzen, mit denen sie noch nicht beim Arzt war. Ich erkannte einen schwarzen Punkt im Gewebe und riet ihr, diesen abklären zu lassen. Es war ein kleiner Tumor im Frühstadium, der aufgrund des schnellen Entdeckens keinen großen Schaden anrichten konnte und kurz darauf entfernt wurde.

Das sind alles Beispiele dafür, wie auf körperlicher Ebene die geistige mit der weltlichen Arbeit Hand in Hand geht und dadurch wahre Wunder bewirkt werden können. **Bitte kläre jede**

körperliche Beschwerde immer mit einem Arzt oder Ärztin ab! Aber schaue darüber hinaus, wie du durch deine geistige Arbeit Heilungsprozesse in Gang setzen und unterstützen kannst.

Doch eine körperliche Heilung oder sogar eine Spontanheilung ist nur dann möglich, wenn die Person wirklich geheilt werden möchte. Bringt eine Krankheit, eine körperliche Beschwerde oder auch nur ein kleines Gebrechen den kleinsten positiven Nutzen mit sich, dann kann sich die Krankheit sehr wahrscheinlich nie gänzlich von der Person trennen. Zumindest so lange nicht, bis der positive Nutzen hinter einer Krankheit bearbeitet wurde. Lass mich dir auch hier ein konkretes Beispiel erzählen, damit es für dich greifbar wird.

Stell dir vor, dass ein Mann einen schweren Autounfall erleidet. Er wird natürlich ins Krankenhaus gebracht, wo er von Ärzten untersucht und versorgt wird. Die Ärzte erklären dem Mann, er sei nun querschnittsgelähmt und nach aktuellem Stand würde er nie wieder laufen können. Sie fragen ihn, ob sie seine Familie für ihn kontaktieren sollen. Doch der Mann hat schon seit Jahren keinen Kontakt mehr zu seiner Familie, da diese seinen Beruf als Anwalt noch nie gutheißen konnte. Er beschließt, dann doch seine Familie anzurufen, die sofort ins Krankenhaus kommt und ihm verspricht, für ihn da zu sein, ihn bei sich aufzunehmen und sich um ihn zu kümmern. Er würde nun nie mehr allein sein und seine Familie vermissen.

Dieser Mann liest nun mein Buch und ruft mich an, um mit mir eine Session zu vereinbaren. Wir arbeiten mit dem Moment, kurz bevor der Unfall geschah, als seine Freundin mit ihm Schluss machte, weil er zu wenig Zeit für sie hatte. Zwei Tage vor dem Unfall verlor der Mann noch einen wichtigen Mandanten und damit eine sehr hohe Summe Geld. Zudem war er sowieso seit Jahren nicht mehr wirklich glücklich, weil sein Job ihm seine ganze Lebensfreude gestohlen hatte. Nachdem wir all das energetisch bearbeitet haben, verordnet seine Akasha Chronik ihm noch eine ganz besondere Therapie, in der bestimmte Muskelgruppen angesprochen werden, die ihm bei der Genesung und beim Laufen lernen helfen werden. Die Ärzte erklären nach einigen Monaten, dass es ein Wunder sei, dass sich die Muskeln wieder so schnell ausgebildet hätten und sich die Nerven an der Wirbelsäule wieder nachbilden würden. Doch der Mann kann immer noch nicht laufen und kommt wieder zu mir, weil er mit jedem Tag immer frustrierter wird.

Ich frage nun diesen Mann, was seit dem Unfall neben all den schlimmen Dingen auch Wundervolles in seinem Leben geschehen sei. Vielleicht kommst du langsam hinter den Kern meiner Geschichte, denn der Mann wird mir erzählen, dass er durch seinen Unfall wieder mit seiner Familie vereint worden wäre. Wovor hat der Mann möglicherweise Angst, wenn er nun wieder laufen könnte? Richtig, dass ihn seine Familie wieder verlassen würde und er allein im Leben wäre. Also ist der positive Nutzen der Querschnittslähmung aufgrund des Unfalles die Wiedervereinigung mit der Familie. Es geht nun darum, hinter die Angst des Alleinseins zu blicken und möglicherweise Emotionen in Bezug auf seine Familie zu ergründen, damit all die Arbeit mit den Ärzten sowie die vorherige energetische Arbeit auch ihre Früchte tragen kann. Merke dir also Folgendes: Ist eine Krankheit unheilbar, ist es der Mensch, der nicht geheilt werden möchte oder den positiven Nutzen hinter der Krankheit nicht loslassen kann.

Vielleicht möchtest du das Buch nun am liebsten an die Wand schmeißen, vielleicht bezeichnest du mich gerade heimlich als Schwurberlin oder vielleicht macht sich gerade eine schwere Emotion in dir breit, weil du eben noch an einer Krankheit festhältst. Dann lass dir auch an dieser Stelle gesagt sein, dass du deine Krankheit auch behalten darfst, wenn du das so möchtest. Niemand wird dich dazu zwingen, dem Kern an den Kragen zu gehen. Die Frage ist nur, möchtest du nicht viel lieber mal ausprobieren, ob es auch einen anderen, noch viel besseren Weg gibt als den, den du aktuell gehst? Denn Fakt ist: Alles ist Energie! Und somit ist auch eine Krankheit reine Energie, die sich an einer bestimmten Stelle einfach zu sehr verdichtet hat. Durch verschiedene Möglichkeiten kann diese verdichtete Energie allerdings wieder entwirrt und geglättet werden, sodass die Krankheit sich aus deinem Körper verabschieden darf. Dein Körper heilt sich in jedem Fall immer selbst! Ärztliche sowie energetische Arbeit in Bezug auf Krankheiten und Beschwerden sind lediglich eine sehr kraftvolle Unterstützung, weil dein Körper manches einfach nicht allein schafft.

Meine Akasha Chronik sagt zum Thema KRANKHEITEN Folgendes:

„**DEINE SEELE ERKRANKT**, ebenso wie dein Körper erkranken kann. Dein seelisches Leiden überträgt sich auf deinen Körper, sowie deine körperlichen Beschwerden auf deine Seele übergehen können. Leidet deine Seele, leidet dein Körper und umgekehrt. Entscheidest du dich, als Seele auf die Erde zu inkarnieren, dann geht ihr eine Symbiose ein. Du und dein Körper, ihr werdet eins. Schiebst du seelische Schmerzen immer wieder zur Seite, wird dich bald darauf dein Körper darauf hinweisen, dass das der falsche Weg ist. Unterdrückst du körperliche Schmerzen immer wieder durch Medikamente, wird dir deine Seele bald deutlich zu spüren geben, dass du etwas im Leben ändern musst. Du musst beides zusammen betrachten, nur dann erhältst du eine vollständige Antwort. Lasse niemals seelische oder körperliche Schmerzen unbeachtet, denn sie helfen dir, deine Schatten zu erkennen. Es sind immer Signale, weil du etwas nicht beachtest, was aber wichtig für dich ist. Es sind deutliche Zeichen, dass nun eine lebenswichtige Veränderung ansteht. Dein Körper kommuniziert mit dir. Deine Seele spricht mit dir. Lerne zuzuhören."

Warum wir krank werden

Warum unser Körper oder das Raumschiff unserer Seele krank wird, kann viele unterschiedliche Ursachen haben. In der Regel gibt es allerdings immer ein **Ursprungsereignis**, in dem die Krankheit entstanden ist. Krankheiten entstehen beispielswiese durch Traumata, also schwere, gewaltige Erlebnisse, die unsere Seele und unserer Körper nicht verarbeitet haben. Krankheiten können durch sehr schwere Emotionen entstehen, wie beispielweise Wut, Trauer oder Neid. Krankheiten können aber auch durch starke Außeneinwirkungen entstehen, die (psychischen) Stress hervorrufen, den unser Körper auf längere Zeit nicht bewältigen kann. Krankheiten können auch durch sehr unscheinbare Ereignisse entstehen, die erst im Nachhinein ihre Auswirkungen auf deinen Körper zeigen. Ein solches Ursprungsereignis ist sehr individuell. Daher kann dir auch kein anderer Mensch sagen, egal ob er zu deiner Familie gehört oder ob es sich um einen ärztlichen Spezialisten handelt, wie gewaltig dieses Ereignis für dich und deinen Körper war. Andersherum kannst du dies auch nicht über einen anderen Menschen wissen. Eine Situation, die für einen selbst harmlos ist, kann für einen anderen Menschen die persönliche, emotionale Hölle darstellen.

Halten wir bis hierhin einmal fest: Krankheiten haben in der Regel ein Ursprungsereignis. Diesem dürfen wir über die Akasha Chronik auf den Grund gehen, damit wir mit allem, was dort entstanden ist oder sich gebildet hat, arbeiten können. Gleichzeitig klären wir körperliche Beschwerden immer mit einem Arzt oder Ärztin ab.

Es ist allerdings so, dass Krankheiten nicht immer nur in der Zeit zwischen deiner Geburt und deiner Gegenwart entstehen. Krankheiten können ihren Ursprung in früheren Leben haben, sie können durch deine Ahnenlinie (Generationskrankheiten) weitergeben worden sein, sie können im Fötus entstehen, der noch im Mutterleib weilt, oder eben in der aktuellen Inkarnation entstanden sein. Gehen wir auf diese unterschiedlichen Arten der Entstehung mal etwas näher ein:

1. Liegt der Ursprung der Krankheit in einem **früheren Leben**, dann trägt deine Seele diese Krankheit in sich. Deine Seele hat sich also bewusst ausgesucht, diese Krankheit mit in diese Inkarnation zu bringen, damit das Thema hinter der

Krankheit und somit die Beschwerden selbst in dieser Inkarnation endlich bearbeitet sowie aufgelöst werden können. Diese Entscheidung hat deine Seele getroffen, bevor sie in den Mutterleib deiner Mama gepurzelt ist. Nun kann es sein, dass sich diese Krankheit mit dem Ursprung in einem früheren Leben direkt nach der Geburt zeigt. Man kommt also mit einer Krankheit auf die Welt. Es kann allerdings auch sein, dass die Krankheit im Laufe deiner Inkarnation durch eine Situation, ein Erlebnis oder eine Emotion hervorgerufen wird und erst dann ausbricht.

2. Ähnlich verhält es sich auch mit **Generationskrankheiten**, die dir dank deiner Ahnenlinie in deine Gene gepflanzt wurde. Es gibt zwei Unterschiede im Vergleich zu Krankheiten mit Ursprung in einem früheren Leben. Erstens: Eine Generationskrankheit wird über das Erbgut, also die Gene und Zellen weitergeben, beim Ursprung in einem früheren Leben sitzt die Krankheit in der Seele. Zweitens: Löst du das Ursprungsereignis innerhalb deiner Ahnenlinie, befreist du nicht nur dich von den Beschwerden, sondern auch deine betroffene Ahnenlinie. Häufig kannst du Generationskrankheiten auch bei deinen Verwandten beobachten, wenn ihr die gleichen Beschwerden habt. Das darf dir im Übrigen auch als Hinweis dienen, dass hier ein Ahnenthema verborgen liegt.

3. Krankheiten können **im Mutterleib** entstehen und werden dann dem Fötus übertragen, wenn die schwangere Frau ein einschneidendes Erlebnis durchlebt, stark im Stress ist, einen Unfall hat oder andere schwere, traumatisierende Situationen erlebt. Seelen, die im Mutterleib heranwachsen,

wollen ihrer zukünftigen Mama häufig einiges abnehmen und ihnen die Schwangerschaft erleichtern, sodass mögliche Ursachen bestimmter Situationen von der Mutter auf den Fötus übertragen werden können. Und das natürlich unbewusst, liebe Mamis!

4. Am häufigsten entstehen Krankheiten jedoch im Laufe der aktuellen Inkarnation, durch ganz **unterschiedliche Situationen**, Gegebenheiten, emotionale Reaktionen oder äußere Einwirkungen.

Daher möchte ich dir gerne an dieser Stelle einmal ans Herz legen, deinen Alltag zu reflektieren. Wie viel Stress und schwere Emotionen begleiten dich tagtäglich? Hetzt du von einem Tag zum nächsten oder hast du auch regelmäßig entspannte Momente, in denen du einfach mal die Seele baumeln lassen kannst? Denn der Körper wird ja nicht einfach so krank, weil er gerade nichts Besseres zu tun hat!

Dein Körper wird sich immer genau dann melden, wenn etwas in deinem Leben nicht ganz richtig läuft, wenn etwas ungesund für dich ist oder wenn die äußeren Einwirkungen zu viel für dich sind. Achtest du mal auf deine körperlichen Symptome, wirst du merken, dass dein Körper fit und gesund ist, wenn es dir gut geht, du auf deine Bedürfnisse achtest und du das Leben genießt. Wohingegen er mit dir meckern wird, Wehwehchen zeigt und mögliche Krankheiten ausbrechen, wenn es dir nicht gut geht, du im Stress bist oder dir vor lauter Stress die Luft zum Atmen fehlt. Dein Körper sendet Signale an dich aus! Beachte sie zukünftig und drücke sie nicht einfach weg. Denn sie sind immer ein Zeichen für dich, dich mit deinen aktuellen Lebensumständen auseinanderzusetzen.

Wie wir mit Krankheiten und Beschwerden arbeiten können

Bist du also krank, empfindest körperliche Schmerzen oder fühlst dich nicht gut, dann ist das ab sofort dein Hinweis, dich auch an die Suche nach den Ursachen zu machen, anstatt nur auf der körperlichen Ebene die Symptome zu bekämpfen.

Manchmal erinnerst du dich vielleicht an die Zeit deines Lebens, in der deine Beschwerden begonnen haben, und manchmal wirst du absolut keinen Schimmer haben, woher deine Beschwerden kommen. Es ist auch absolut egal, ob du dir darüber im Klaren bist oder nicht – deine Akasha Chronik wird dich an den richtigen Kern zurückführen. Verbinde dich also mit deiner Akasha Chronik und frage deine Hüter, Meister sowie persönlichen Geistwesen nach dem Ursprung oder dem Kern, wodurch deine Krankheit entstanden ist. Möglicherweise darfst du Emotionen ergründen, Glaubenssätze lösen, dir selbst oder anderen Menschen vergeben, energetische Verbindungen lösen, oder, oder, oder …

Du erinnerst dich sicher: Jedes Ursprungsereignis kann sehr individuell sein. Daher lasse dich von deiner Akasha Chronik voller Vertrauen durch den Kern führen, löse auf, was dir begegnet, und arbeite dich so lange durch die Situation, bis alle Schwere bearbeitet wurde. Hast du alles aus der Vergangenheit gelöst, dann bitte deine Akasha Chronik unbedingt um weitere Hinweise oder Ratschläge, was dein Körper in der Gegenwart noch braucht, um die Krankheit auch zum aktuellen Moment vollständig heilen zu können. Denn möglicherweise ist die Krankheit schon so lange Teil deines Körpers, dass er dadurch verlernt hat, bestimmte Stoffe zu produzieren, weshalb dieser Vorgang nun langsam wieder aufgebaut werden muss. Auch hier kann es noch viele weitere Möglichkeiten geben, die sehr wichtig sind, damit die Krankheit vollständig ausheilen kann.

Wenn dein **Hellsehen** sehr ausgeprägt ist, kannst du deine Akasha Chronik auch bitten, deinen eigenen Körper von innen zu *„scannen"*. Das bedeutet, dass du einfach eine andere Perspektive einnimmst, um dein Körperinneres betrachten zu können. Ich stelle mir gerne vor, wie ich über mein Kronenchakra in meinen Körper hineingleite, zu den jeweiligen Körperstellen flitze, mir die Schmerzpunkte näher anschaue und anschließend wieder über mein Kronenchakra aus meinem Körper hinausgleite. So hast du die Möglichkeit, den Schmerz oder die Krankheit nochmal stärker zu lokalisieren und konkrete Fragen an deine Akasha Chronik zu stellen. Durch das Lokalisieren kannst du außerdem an den Schmerzpunkt direkt Heilung in Form von energetischer Unterstützung schicken. Du bittest also deine Akasha Chronik, dass genau an die Stelle der Beschwerde energetische Heilung geschickt wird, um den Heilungsprozess zu unterstützen und zu beschleunigen. Visualisiere dabei auch gerne, wie grünes Licht durch dein Kronenchakra an den Schmerzpunkt fließt und wie von dort ein energetischer Prozess der Selbstheilung in Gang gesetzt wird. Heilende Energie, die aus feinstofflichen Ebenen kommt, ist häufig grün.

Das aller-, aller-, allerwichtigste beim energetischen Arbeiten mit Krankheiten aber ist das Ergründen des positiven Nutzens! Erinnere dich an die Geschichte mit dem Mann, der durch seinen Unfall wieder mit seiner Familie vereint wurde. Ergründe die positiven Seiten deiner Krankheit erst mal selbst für dich, indem du reflektierst, was sich seit deiner Krankheit alles in deinem Leben verändert hat. Gehe erst anschließend an diese Reflexion in deine Akasha Chronik und löse nun noch die unbewussten Muster, die dadurch entstanden sind und sich in deinem Unterbewusstsein abgespeichert haben. Nimm dir ruhig Zeit beim Reflektieren! Es kann sein, dass dir am Anfang nichts einfallen wird, dir dieser Prozess schwerfällt oder du keine innere Ruhe findest, dir Gedanken darüber zu machen. Dann wisse, dass dich in diesem Fall dein Unterbewusstsein versucht, vor deinen eigenen Schatten zu beschützen. Überwinde auch dieses Muster und lasse den positiven Nutzen der Krankheit hinter dir. Denn all das Positive, das die Krankheit in dein Leben gebracht hat, ist auch ohne die Krankheit möglich, solange du nicht wieder in alte Muster zurückfällst.

Nehmen wir nochmal das Beispiel des Mannes mit dem Unfall. Stell dir vor, wir hätten am positiven Nutzen so gearbeitet, dass er verstanden hätte, dass er mehr mit seiner Familie kommunizieren müsste, er jedoch nicht schuld daran sei, dass ihm seine Familie aufgrund seines Berufes den Rücken zugekehrt hat. Gemeinsam hätten wir an seinem Selbstbewusstsein gearbeitet und an der Angst vor dem Alleinsein, sodass er nun gestärkt wäre in seinem Glauben an sich selbst und welche Zukunft er anstreben möchte. Könnte er nun wieder laufen und seinen alten Job wieder ausüben ohne die Unterstützung seiner Familie, hätte er nun ein tiefes Vertrauen, dass er allein für sein Leben verantwortlich ist und er niemanden zwingen kann, die eigenen Ansichten zu ändern. Natürlich wäre es immer noch sehr traurig, dass ihn seine Familie nicht unterstützt, jedoch hätte sein körperliches sowie geistiges System gelernt, Verantwortung für das eigene Leben zu übernehmen, weshalb ihm die fehlende Unterstützung nicht mehr den Boden unter den Füßen wegziehen würde. Es wäre nun alles machbar. In einem echten Beispiel müssten wir allerdings noch an seinem extremen Stresslevel arbeiten ;)

Zusammengefasst sind also drei Fragen essenziell, um mit Krankheiten und körperlichen Beschwerden zu arbeiten:

1. Wann ist die Krankheit entstanden? Worin liegt der Kern/die Ursache? Was muss hier aufgelöst werden?
2. Was braucht der Körper im gegenwärtigen Moment, damit die Krankheit vollständig ausheilen kann?
3. Welchen positiven Nutzen hat die Krankheit mit sich gebracht?

Der Unterschied zwischen körperlichen und geistigen Krankheiten

Über körperliche Krankheiten haben wir nun viel gesprochen. Doch auch geistige, mentale oder psychische Krankheiten sind wichtig und präsent. Auch diese Form hat in der Regel ein Ursprungsereignis, welches oft etwas tieferging und schwerwiegender war als bei körperlichen Erkrankungen. Denn psychische Erkrankungen entstehen häufig, wenn die Seele verletzt wurde. Und um das zu schaffen, muss schon einiges passieren im Leben! Bei körperlichen Beschwerden reicht manchmal schon eine Unstimmigkeit im Unterbewusstsein. Das Kuriose ist, dass psychische Erkrankungen in unserer Gesellschaft noch nicht die Wichtigkeit erlangt haben wie körperliche Erkrankungen. Und noch kurioser ist, dass viele körperliche Erkrankungen erst durch psychisches Leiden entstehen. Doch was sind psychische Erkrankungen überhaupt?

Zu psychischen Krankheiten zählen Depressionen, Angstzustände, Panikattacken, Essstörungen, Burn- bzw. Bore-Out bis hin zu bipolaren Störungen und Schizophrenie. Psychische Erkrankungen entstehen häufig durch sehr traumatisierende

Erlebnisse, durch die die Seele lernt, den Körper mitsamt seinem Bewusstsein zu schützen. Dadurch legen sich Schutz- und Verhaltensmechanismen im Unterbewusstsein ab, die das eigene Verhalten stören, sodass man teilweise, manchmal sogar ganz, vergisst, wer man wirklich ist.

Psychische Erkrankungen laufen wie auf Autopiloten ab, ohne dass man diese als Mensch mit seinem Willlen kontrollieren könnte. Du weißt mittlerweile, wie viel Macht das eigene Unterbewusstsein hat. Hat es dann noch gelernt, dass man eine lebensgefährliche Situation durchlebt hat, wird es noch viel mächtiger. Und das alles zum eigenen Schutz. Mit einem solchen Ursprungsereignis zu arbeiten, erfordert also große Stärke und eine Portion Mut. Das ist wirklich die tiefste Form der Schattenarbeit. Es kann daher auch etwas mehr Mühe und Anstrengung bedürfen, mit psychischen Erkrankungen zu arbeiten, da das gesamte System (bestehend aus Körper, Geist und Seele) plötzlich einen sehr starken Schutzwall fallen lässt und diese Angreifbarkeit überwunden werden muss. Hier sind viel Fingerspitzengefühl und Geduld gefragt. Außerdem rate ich dir immer auch, Unterstützung von außen einzuholen, in Form von Therapeut:innen, Psycholog:innen oder Coaches, die hierauf spezialisiert sind.

Arbeite mit anderen Menschen erst an psychischen Erkrankungen, wenn du dir wirklich sicher bist, dass du schwere, traumatisierende Situationen auch halten kannst und dich dafür stark genug fühlst. Denn wenn sich ein anderer Mensch dir gegenüber öffnet und in dem Moment Schwäche zeigt, darfst du dir keine Schwäche erlauben. Dass du in solchen Momenten mitfühlend bist und Empathie zeigst, ist eine wichtige Grundvoraussetzung, doch du kannst nicht mit deinem Gegenüber zusammenbrechen. Dann bist du noch nicht bereit, solche

Themen wirklich halten zu können und solltest dich klar davon abgrenzen.

Denn wenn du mit Krankheiten arbeitest, hast du eine enorm große Verantwortung. Du kannst generell nicht viel falsch machen, da du über die Akasha Chronik nur mit lichtvoller Energie arbeitest. Jedoch hast du eine Verantwortung als Mensch, der den Raum für eine energetische Heilung öffnet, und für diesen Raum solltest du bereit sein. Dabei ist es nun ganz egal, ob es sich um körperliche oder psychische Erkrankungen handelt. Bitte nimm dieses Thema nicht auf die leichte Schulter, sei dir der Verantwortung einfach bewusst.

Die Sache mit dem Heilen

Es gibt unheimlich viele spirituelle Menschen, die sich als Heiler:innen über ihre Homepage, auf Instagram oder in ihren Räumlichkeiten darstellen. Doch in Deutschland gilt ein grundsätzliches Verbot, Heilversprechen zu äußern, mündlich als auch schriftlich. Es dürfen nur Menschen heilen, die eine entsprechende Ausbildung oder Studium durchlaufen haben. Wir sprechen hier also von Ärzt:innen oder Spezialist:innen wie Heilpraktiker:innen, Osteopath:innen, Psycholog:innen etc. **Du und ich als Akasha Chronik Hexen unterstützen lediglich den Prozess der Selbstheilung.** Bitte sage und schreibe niemals, dass du jemanden heilen kannst. Dadurch machst du dich strafbar und im schlimmsten Fall kannst du dein Unternehmen an den Nagel hängen. Das ist nicht das Ziel! **Das wahre Ziel ist nämlich, Menschen bei ihrer Selbstfindung zu unterstützen, ihr Wohlbefinden zu stärken, ihre Themen aufzuklären, Altlasten**

endlich loszulassen und ihre wahre Bestimmung in dieser Inkarnation endlich zu leben. Gewöhne dir also den Sprachgebrauch an, dass du eine unterstützende Funktion als Akasha Chronik Hexe einnimmst.

Die Magie der Akasha Chronik richtet sich vor allem an deine Selbsterfahrung mit der Akasha Chronik. Jedoch kannst du mit der Einwilligung anderer Menschen durch das Wissen aus diesem Buch auch in anderen Chroniken lesen sowie arbeiten. Daher möchte ich dir einen sehr wichtigen Rat geben: **Du musst dich nicht jedem Thema annehmen!** Es zeugt von wahrer Stärke zuzugeben, dass man sich mit einem Thema nicht wohlfühlt oder den Raum hierfür nicht halten kann. Du darfst und sollst immer an Expert:innen weiter verweisen, wenn du dich einem Thema nicht annehmen möchtest oder aus anderen Gründen nicht kannst. Das hat rein gar nichts mit Schwäche zu tun.

10

Die Magie deiner Akasha Chronik

Schritt für Schritt zu einer sicheren und kraftvollen Verbindung zu deiner eigenen Akasha Chronik.

1. **Suche dir einen ruhigen Ort** oder ein Zimmer, wo du ungestört sein kannst. Zünde dir gerne ein paar Kerzen an, räuchere gegebenenfalls negative Energien raus, lege dir ein paar unterstützende Kristalle zurecht, mache dir noch einen Tee, Kakao oder stelle dir auch nur ein Glas Wasser an deinen Platz. Lüfte auch gerne nochmal durch – **alles, was du brauchst, um dir einen geschützten Raum einzurichten. Lege dir auch gerne etwas zu schreiben parat und dann kann's losgehen.**

2. **Atme gern ein paar Mal ganz bewusst ein und aus. Achte darauf, dass du durch die Nase in deinen Bauch einatmest und atme bewusst durch den Mund wieder aus. Forme dabei gerne ein Oval mit deinem Mund, sodass du dein Ausatmen in dieser kleinen Übung bewusst kontrollierst.** Gerne kannst du dazu auch eine Hand auf deinen Bauch legen. Spüre dann, wie dein Körper und dein Geist sich immer mehr entspannen, deine Gedanken langsam zur Ruhe kommen und du dich auf diesen Moment fokussieren kannst.

3. Bist du physisch an deinem Platz ganz angekommen, dann widme dich jetzt deiner energetischen Verbindung. Visualisiere, **wie du dich über starke und wunderschöne Wurzeln mit Mutter Erde verbindest.** Grabe deine Wurzeln richtig tief in die Erde, bis du vielleicht sogar diesen typisch erdigen Geruch in der Nase hast. Hierbei können dir auch erdende Kristalle helfen, wie. z.B. versteinertes Holz, oder echte Schätze aus der Natur, wie Steine, Blätter, Kastanien, etc. Halte deine kleinen erdenden Unterstützer gerne in der Hand, während du dich Kraft deiner Gedanken mit Mutter Erde verbindest.
   Lasse dir von Mutter Erde dann über deine Wurzeln Energie schicken, die du in deinem Herzen zentrierst und festhältst. Visualisiere auch gerne, wie rotes, funkelndes Licht über deine Wurzeln entlang deiner Beine und Wirbelsäule mitten in dein Herz fließt.

4. Hast du nun das Gefühl, gut geerdet zu sein, **dann widme dich der Verbindung zum Universum**, der Quelle, Schöpfung oder welchen Begriff du für dich hier auch immer wählen

möchtest. **Visualisiere, wie sich ein lichtvoller Kanal von deinem Kopf bildet, der bis zur universellen Quelle reicht und dort andockt.** Schöpfe aus dieser Quelle und lasse diese Energie durch deinen lichtvollen Kanal in deinen Körper bis zu deinem Herzen fließen.
Visualisiere auch hier, **wie weißes, funkelndes Licht wie Wasser durch deinen Lichtkanal in dein Kronenchakra und entlang deiner Wirbelsäule mitten in dein Herz fließt und sich dort mit der Energie von Mutter Erde verbindet.** Bei der Verbindung zur Quelle können dir persönliche Talismane oder Kristalle wie z.B. ein Bergkristall, ein Amethyst oder ein Labradorit helfen. Du kannst aber auch Frequenz-Musik (z.B. Binaurale Beats) während deiner Verbindung zur Akasha Chronik nebenbei laufen lassen, denn auch das aktiviert deinen Energiekörper, deine Chakren und somit die Verbindung zur universellen Quelle.

5. **Lege nun gern beide Hände auf dein Herz und spüre dort die satte und volle Energie. Und wenn du bereit bist, dann sprich gern aus vollem Herzen das Gebet zur Öffnung deiner Akasha Chronik.** Sprich es einmal laut und zweimal leise in deinem Kopf, sodass dein Verstand beschäftigt ist und dein Geist in die aktive Verbindung zur Chronik eintauchen kann.

Liebes Universum,
ich öffne nun mein Herz,
meinen Geist und meine Seele
für alle Botschaften,
die jetzt und hier
zu mir fließen möchten.

Ich öffne mich für meine Meister,
meine Hüter und meine Ahnen,
durch die die Botschaften
aus der Akasha Chronik
überbracht werden.

Ich öffne mich wahrhaftig
und erbitte den Zugang
zu meiner Akasha Chronik.

Danke Danke Danke. **(3x)**

6. Zu Beginn kannst du dich während der Verbindung mit deiner Akasha Chronik in eine Art meditativen Zustand begeben und alles einfach intuitiv wirken lassen.
Fragen an deine Akasha Chronik kannst du gerne laut aussprechen, wisse aber, dass sie auch deine Gedanken hört. Trainiere mit der Zeit, dich mit deiner Akasha Chronik in vollem Bewusstsein zu verbinden und auch mit ihr zu kommunizieren.
Deine Augen kannst du dabei offenhalten. **Suche dir einen Fixpunkt an einer weißen Wand und lerne, deine Wahrnehmungen hierhin zu projizieren.** Das wird dir im Übrigen auch helfen, dein drittes Auge zu öffnen, selbst wenn du nicht aktiv mit deiner Chronik verbunden bist. Mit der Zeit wirst du dann auch auf physischer Ebene zwischen den Schleiern hindurchblicken können und all das Magische erkennen, das tagtäglich um dich herum existiert.
Auch wenn die Akasha Chronik eine sehr starke Dehnung für deinen Verstand und etwas sehr, sehr Magisches ist, musst du sie nicht mit viel TamTam anwenden. Es darf natürlich, leicht und bodenständig sein. Du brauchst deine Augen dabei nicht in den Hinterkopf drehen, du brauchst keinen spirituellen Turban auf dem Kopf, eine Kristallkugel vor dir und du brauchst dir auch keine geschwollene Sprache antrainieren. **Wenn du dir einen schönen Kraftort einrichten magst, vielleicht mit ein paar Kristallen, spirituellen Gegenständen oder Bildern, mystischer Dekoration oder anderen individuellen Hexen-Dingen, dann fühl dich ganz frei!**
Jedoch brauchst du all das nicht, um mit der Akasha Chronik zu arbeiten. Das geht auch von deiner Couch oder

deinem Bett aus, während du kochst, mit deinen Kindern oder Haustieren spielst oder draußen in der Natur spazieren gehst. Ich möchte mich davon ganz klar abgrenzen, weil die Akasha Chronik trotz all der Magie nichts Mystisches ist, sondern absolut natürlich.

Nachdem du dann mit deiner Akasha Chronik gesprochen und gearbeitet hast, beendest du die Verbindung, indem du dich aus vollem Herzen und mit viel Liebe bedankst. Stelle dir vor, wie eine Tür zufällt, wie eine Schranke nach unten geht oder wie ein Vorhang zugezogen wird.

Hast du währenddessen nicht mitgeschrieben, dann nimm dir nun im Anschluss Zeit, deine Antworten, Botschaften oder Erfahrungen festzuhalten. Reflektiere auch, ob du beim nächsten Mal etwas anders machen würdest (z.B. ein anderes Ritual, um dich auf diese magische Verbindung vorzubereiten, oder andere Arten von Fragen zu stellen) oder was du auch beibehalten magst, weil du dich damit sicher, geborgen und wohlgefühlt hast.

Für den Beginn mit deiner Akasha Chronik habe ich dir ein paar Fragen vorbereitet:

1. Halte deine erste Verbindung mit deiner Akasha Chronik hier fest. Was hat sich gezeigt? Wie sieht deine Akasha Chronik aus? Was hast du empfunden?

2. Wie hast du die Hüter und Meister deiner Akasha Chronik wahrgenommen? Haben sie sich in einer bestimmten äußeren Form gezeigt? Haben sie dir ihre Namen genannt?

3. Bitte darum, deine Geistführer kennenzulernen, und frage sie nach konkreten Aufgaben, die sie aktuell an deiner Seite übernommen haben. Wobei unterstützen sie dich gerade ganz besonders?

4. Welchen Themen oder Lebensbereichen in deinem Leben darfst du gerade ganz besonders viel Aufmerksamkeit schenken, um hier Erlösung für dich zu finden?

5. Welche Themen sitzen in deinem Energiesystem aus der Vergangenheit fest, denen du dich nun widmen darfst?

6. Welches wichtige Ahnenthema darf von dir bearbeitet und aufgelöst werden, um deine Ahnenlinie davon zu befreien und zu heilen?

7. Welcher Einfluss/welche Erfahrung aus einem früheren Leben macht sich in deinem gegenwärtigen Leben ganz besonders bemerkbar und darf nun von dir in Liebe losgelassen werden?

8. Welche deiner Bedürfnisse hast du viel zu lange unterdrückt, denen du jetzt aber unbedingt nachgehen darfst, um sie dir zu erfüllen?

9. Welche Sehnsüchte deiner Seele wollen von dir gesehen und beachtet werden? Wie kannst du diese stillen?

10. Worauf darfst du jetzt im aktuellen und gegenwärtigen Moment deinen Fokus richten, um deine Ziele, Wünschen und Visionen im Leben erreichen zu können?

11

Ein paar abschließende magische Worte

Zu guter Letzt möchte ich dir danken!

Danke, dass du dich für diese Form der spirituellen Arbeit öffnest und dadurch dir, aber auch ganz vielen anderen Menschen den Weg für eine neue Realität ebnest.

Danke, dass du dich an deine Fähigkeiten, deine Gaben und an die Weisheit deiner Seele erinnerst und dir dadurch das größte Geschenk aller Zeiten machst: deine wahre Bestimmung zu leben.

Danke, dass du immer wieder Neues dazulernen möchtest, deinen Verstand sowie deinen Geist weitest und dich nicht auf dem Wissen ausruhst, dass du schon hast.

Danke, dass du deinem geistigen Team eine riesige Freude machst, indem du endlich mit ihnen in Kontakt trittst und ihre Intentionen endlich zu dir durchdringen können.

Danke, dass du mit mir und so vielen anderen Seelen versuchst, unsere wunderschöne Erde wieder zu einem Planeten zu machen, auf dem Licht und Frieden herrschen kann.

Danke, dass du durch die Arbeit mit der Akasha Chronik die Frequenz auf der Erde und dadurch auch im Universum erhöhst.

Danke, du wundervoller Mensch, dass es dich gibt!

Auch wenn du mal zweifelst, weil du einen schlechten Tag hast und die Botschaften aus der Akasha Chronik nicht so fließen wollen, wie du es dir gerne wünschst, dann denk immer daran, dass dieses Buch nicht aus Zufall in deinen Händen gelandet ist. Denn Zufälle gibt es nicht. Du bist bereit, dich nun wieder an alles zu erinnern und dich dieser wundervollen, magischen Arbeit mit der Akasha Chronik anzunehmen, um all die Magie in deinem Leben erfahren zu können. Nimm all den Druck raus, lass deine Sorgen hinter dir und mach dich ganz frei von der Meinung deines Verstandes.

Du wirst sehen, mit sehr viel Übung wirst du immer sicherer werden, und bald ist die Arbeit mit der Akasha Chronik das Normalste der Welt. Das Sprichwort „Übung macht den Meister“ darfst du dir wirklich zu Herzen nehmen. Irgendwann wird sich die Kommunikation mit der Akasha Chronik ganz leicht in deinen Alltag einordnen. Doch bis dahin ist es wie mit allen anderen neuen Routinen. Bleib dran und gib nicht auf, auch wenn du mal einen schlechten Tag oder längeren Durchhänger hast! Wir sind trotz unserer spirituellen Fähigkeiten immer noch Menschen. Du brauchst von dir keine Höchstleistung zu erwarten, wenn es dir mal nicht gut geht oder du gerade weltliche Dinge hast, um die du dich kümmern musst. Doch ich wünsche mir sehr, dass die Akasha Chronik für dich keine Anstrengung bedeutet, sondern ein wunderbares, leichtes Medium sein darf, um die beste Version deiner selbst zu werden. Und das auch in den schwersten Momenten deines Lebens.

Du musst dich außerdem nicht allein erinnern, wenn dir der Anfang schwerfällt. Es gibt viele wundervolle Menschen, die dich liebend gern an die Hand nehmen, um dir die Magie der Akasha Chronik näherzubringen. Achte auf dein Gefühl, wenn du dich nach der richtigen Person hierfür umsiehst. Schau dir die Inhalte der Ausbildung, Fortbildung oder des Workshops an, achte auf die Wortwahl und überprüfe das Mindset des Menschen, der diese Magie vermittelt. Dein Gefühl ist letztendlich entscheidend, denn deine Intuition weiß immer ganz genau, wer die richtige Person für dich ist.

Ich wünsche dir von Herzen so viel Spaß beim Erfahren deiner eigenen Akasha Chronik. Ich hoffe, dass du dich selbst nochmal ganz neu kennenlernen wirst, dass du deine Fähigkeiten in dir entdeckst oder vertiefst, dass du den Blick für die wahre Realität schärfst, dass du verstehst, dass wirklich alles für dich möglich ist und dass sich dein Geist für all diese Magie nun wieder öffnen darf. Ich wünsche mir für dich, dass du dir erlaubst, großartig zu sein, und dass du erkennst, warum du hier auf der Erde bist.

Ein ABSCHIED aus der Akasha Chronik:

„**IN DIR STECKT ALLES, WAS DU BRAUCHST**, um dein seelisches Potenzial zu erkennen, zu erwecken und zu entfalten. Vertraue dir und öffne dich, für eine Welt außerhalb deines Verstandes. Öffne dein Herz, denn es wird dich auf dieser Reise führen. Sei mutig, dich selbst herauszufordern und Dinge zu erleben, die du bis jetzt für unmöglich gehalten hast. Sei neugierig, denn du wirst staunen, welche Wunder dich erwarten. Sei einfach du selbst, denn öffnest du dich für deine Wahrheit, dann wird sich auch die Wahrheit um dich herum zu erkennen geben. Sei furchtlos, denn du wirst alles schaffen, was du dir vornimmst. Sei voller Vorfreude, denn bis jetzt hast du erst einen kleinen Ansatz der Weisheit deiner Seele kennengelernt und es wartet noch so viel mehr auf dich. Sei voller Liebe, und bedingungslose Liebe wird dir begegnen. Sei offen dafür, dass sich dein Leben grundlegend verändern wird. Sei frei, denn es ist deine wahre Bestimmung außerhalb von Grenzen und Einschränkungen zu leben. Sei stets im Vertrauen, denn du bist niemals allein. Sei gütig, denn Neid und Missgunst schaden dir nur selbst. Sei losgelöst von allen Mustern und Strukturen, um die volle Magie der geistigen Ebenen und deines heiligen Ortes wahrhaftig kennenzulernen."

In tiefster Liebe und Verbundenheit, deine Meike

Literaturtipps

Jean-Pierre Crittin: ***Chakren – Die Quelle der Kraft und Gesundheit***. Königsfurt-Urania Verlag (2021)

Esther Rosanna Guggisberg: ***Die 9 Archetypen der Frau.*** TWENTYSIX (2017)

Kurt Tepperwein: ***Die Geistigen Gesetze.*** Goldmann (2002)

Juliette Thornbury: ***Leben mit Heilsteinen.*** Irisiana (2019)

Joe Dispenza: ***Werde übernatürlich.*** KOHA-Verlag (2017)

Eckhart Tolle: ***Eine neue Erde.*** Arkana (2015)
Jetzt – die Kraft der Gegenwart. Kamphausen Media GmbH (2010)

Sue Dhaibi: ***Mit dem Jenseits kommunizieren.*** Ansata (2019)

Mary Mueller Shutan: ***Lebe deine Medialität.*** Ansata (2018)

Über die Autorin

Meike Höhne lebt mit ihren zwei Hunden im Herzen der Oberpfalz in Bayern. Schon als kleines Kind hatte sie eine sehr starke Vorstellungskraft und nahm durch ihr Hellsehen die Umwelt etwas anders wahr. Doch erst mit Anfang 20 begann sie, sich wieder an diese Magie, an ihre Gaben und Fähigkeiten wahrhaftig zu erinnern. Seit 2021 ist sie als Hexe, spiritueller Coach und als mediale Unterstützung in der Persönlichkeitsentwicklung mit ihrem Unternehmen Miss Soulful Mate® selbstständig. Seitdem coacht sie vor allem Frauen bei ihrer persönlichen Entfaltung sowie ihrem Erinnerungsprozess an ihre eigene Magie.

Danksagung

Als Erstes möchte ich dem Königsfurt-Urania Verlag danken, für das Vertrauen in mich und dieses tolle Projekt. Ein ganz besonderer Dank gilt hier natürlich meiner Lektorin Jennifer. Danke, dass du von Beginn an genauso Feuer und Flamme warst wie ich, dass du die Magie dieses Werkes gesehen hast und dass die Zusammenarbeit mit dir einfach richtig toll ist.

Danke an meine Mama, dass du mich in meiner spirituellen Entfaltung immer unterstützt hast, dass du mich nie komisch angeschaut oder verurteilt hast und dass du mich immer genauso so akzeptierst, wie ich bin – auch wenn ich morgen schon wieder eine neue Veränderung gemeistert habe. Danke an meinem Papa, dass du mich in dem Glauben großgezogen hast, dass wenn man etwas wirklich will im Leben, es auch erreichen kann – auch wenn man dafür ein paar Hürden überwinden darf. Danke, dass ich eine so tolle Kindheit haben durfte und deshalb gar nicht so viele Innere-Kind-Themen aufarbeiten musste. Danke für eure Unterstützung, eure Liebe und dieses Gefühl der Heimat, dass ich mit euch verbinde.

Danke an meine Seelenfreundin Olga, für deinen unfassbar starken Glauben an mich, diese Aufgabe, die ich hier auf der Erde erfüllen darf und alle neuen Projekte, die immer wieder aus mir heraussprudeln. Danke für deine Ehrlichkeit, dein Vertrauen und deine Freundschaft, in der ich einfach ICH sein darf.

Danke an meine liebe Michaela und dass du einen so großen Teil dazu beigetragen hast, dass ich mich meiner Magie und spirituellen Fähigkeiten wieder wahrhaftig geöffnet habe! Und danke an meine liebe Sina, dass du mich immer mit Pom-Poms bewaffnet lauthals anfeuern würdest!

Und ein Herzensdank an dich, liebe Leserin und lieber Leser! Danke, dass dich dieses Buch dabei unterstützen darf, auch dich wieder an deine Magie, deine spirituellen Fähigkeiten, aber vor allem an deinen Seelenweg hier unten zu erinnern.